"十三五"国家重点出版物出版规划项目
高速铁路线路工程关键技术丛书

地面沉降与高速铁路

孟庆文　蔡德钩　张千里　著

西南交通大学出版社
·成　都·

图书在版编目（CIP）数据

地面沉降与高速铁路 / 孟庆文，蔡德钧，张千里著
. 一成都：西南交通大学出版社，2020.1
（高速铁路线路工程关键技术丛书）
"十三五"国家重点出版物出版规划项目
ISBN 978-7-5643-7258-3

Ⅰ.①地… Ⅱ.①孟… ②蔡… ③张… Ⅲ.①高速铁路 – 地面沉降 – 研究 Ⅳ.①U238

中国版本图书馆 CIP 数据核字（2019）第 272325 号

"十三五"国家重点出版物出版规划项目
高速铁路线路工程关键技术丛书
Dimian Chenjiang yu Gaosu Tielu

地面沉降与高速铁路

孟庆文　蔡德钧　张千里　著

*

出 版 人　王建琼
责任编辑　杨　勇
封面设计　原谋书装

西南交通大学出版社出版发行
四川省成都市金牛区二环路北一段 111 号西南交通大学创新大厦 21 楼
邮政编码：610031　发行部电话：028-87600564
http://www.xnjdcbs.com
四川煤田地质制图印刷厂印刷

*

成品尺寸：185 mm × 240 mm　　印张：9.5
字数：151 千
2020 年 1 月第 1 版　　2020 年 1 月第 1 次印刷
ISBN 978-7-5643-7258-3
定价：68.00 元

图书如有印装质量问题　本社负责退换
版权所有　盗版必究　举报电话：028-87600562

前 言

地面沉降是由于地下土层发生压缩变形而使区域性地面标高缓慢下降的一种环境地质现象，是一种不可补偿的永久性资源与环境损失。地面沉降具有累进性和不可逆性，一般情况下，地面沉降将逐步积累，并产生长期影响，因此地面沉降是一种缓变型的地质灾害。影响地面沉降的因素可归纳为两大类：一是自然因素，包括地震活动、地壳的升降运动以及地层自然压密产生的沉降；二是人为因素，包括开采地下水、地下热水、油气、地下工程施工以及地表各类荷载的施加等。一般来说，地面沉降发生发展规律与超量抽汲地下水和地层岩性及其结构特征密切相关。

过去国内外学者主要研究地面沉降对城市建筑物或某个区域的危害，很少考虑研究区域地面沉降对线状工程的影响。但是随着高速铁路的建设和运营，地面沉降对高速铁路工程的影响也越来越大。因为高速铁路对路基、桥梁的稳定性、变形程度及轨道的平顺性有更严格的要求，所以地面沉降对高速铁路的影响就成为需要我们面对的现实问题。

为了研究地面沉降对高速铁路的影响，在京津城际铁路勘察设计期间，经铁道部科技司批准，由铁道第三勘察设计院牵头，组织北京市水文地质大队、天津市环境地质研究所、中国铁道科学研究院以及中国国土资源航空物探遥感中心专业技术人员，开展了"区域地面沉降对京津城际轨道交通工程的影响及对策研究"（2005G015-A）科研工作。课题组采用 InSAR 测量技术，结合区域调查和监测资料对京津城际铁路沿线及周边的地面沉降情况进行了分析研究，总结了地面沉降发生发展规律和特点，对地面沉降的危害性进行了评价，分析了地面沉降对线路、路基、桥梁及轨道工程的影响，并提出了相应处理对策和工程措施。研究成果有力地促进了京津城际铁路的建设，对京沪高速铁路、津秦客运专线等项目建设也起到了一定的指导作用。

在编写本书的过程中，编者除了利用"区域地面沉降对京津城际轨道交通工程的影响及对策研究"（2005G015-A）科研成果外，还利用了中国铁道科学研究院、西南交通大学、北京交通大学等单位的相关科研成果，参阅了第九届国际地面沉降学术研讨会部分内容以及近期地面沉降对高速铁路影响的其他工作成果。

本书的具体编写人员和编写情况如下：绪论，由孟庆文、张千里、答治华编写；1 国内外地面沉降现状，由王春雷编写；2 地面沉降成因和机理分析，由孟庆文、董亮、马明正编写；3 InSAR 技术监测地面沉降试验研究，由葛大庆编写；4 地面沉降的勘察，由孟庆文编写；5 地面沉降对高速铁路的影响分析，由蔡德钧、陈锋、董亮、李中国、肖宏、刘钰编写；6 地面沉降防治措施，由张千里、孟庆文、马明正编写。全书由孟庆文统编。

在编写本书的过程中，编者得到了中国铁道科学研究院、中国铁路设计集团有限公司、西南交通大学、北京交通大学、北京市水文地质大队、天津市环境地质研究所等单位专家教授和专业技术人员的指导，受益匪浅，在此一并表示衷心的感谢。

由于作者水平有限，本书不妥之处在所难免，敬请读者批评指正。

作　者

2019 年 10 月 10 日

目 录

0 绪 论 …………………………………………………………………………… 1
　　0.1 国内外地面沉降研究现状 ………………………………………………… 2
　　0.2 地面沉降引起的工程问题 ………………………………………………… 14
　　0.3 地面沉降对高速铁路的影响 ……………………………………………… 16

1 国内外地面沉降现状 …………………………………………………………… 21
　　1.1 国外地面沉降现状 ………………………………………………………… 21
　　1.2 国内地面沉降现状 ………………………………………………………… 27

2 地面沉降成因和机理分析 ……………………………………………………… 33
　　2.1 地面沉降成因分析 ………………………………………………………… 33
　　2.2 地面沉降机理分析 ………………………………………………………… 36
　　2.3 地下水开采影响半径分析 ………………………………………………… 38

3 InSAR 技术监测地面沉降试验研究 ………………………………………… 48
　　3.1 InSAR 监测地面沉降的基本原理与方法 ……………………………… 48
　　3.2 InSAR 数据分析整理方法 ……………………………………………… 55

4 地面沉降的勘察 ………………………………………………………………… 58

5 地面沉降对高速铁路的影响分析 ……………………………………………… 65
　　5.1 地面沉降对高速铁路路基工程的影响 ………………………………… 65
　　5.2 开采地下水对高速铁路桥梁工程的影响 ……………………………… 99
　　5.3 地面沉降对高速铁路线路和轨道工程的影响 ………………………… 113

6 地面沉降防治措施 …………………………………………………………… 140
　　6.1 工程防治措施 …………………………………………………………… 140
　　6.2 地面沉降综合防治措施 ………………………………………………… 144

0　绪　论

地面沉降是在自然界和人为因素下，由于地表松散土体压缩而导致区域性地面标高降低的一种环境地质现象，是一种不可补偿的永久性环境和资源损失，是地质环境系统破坏所导致的恶果。随着工业化和城市化进程的加快，地面沉降已经遍布全球。目前，世界上已有 50 多个国家和地区发生了地面沉降，代表性的国家和地区有墨西哥城，美国的长滩、休斯敦，意大利的波河三角洲，英国的伦敦、柴郡，德国的北部沿海地区，匈牙利的德布勒森，委内瑞拉的马拉开波湖周围地区，俄罗斯的莫斯科，泰国的曼谷，新西兰的怀拉基，越南的河内，印度尼西亚的雅加达，澳大利亚的特拉罗布谷，日本的东京、大阪、新潟等。

地面沉降具有生成缓慢、持续时间长、影响范围广、成因机制复杂和防治难度大等特点，是一种对资源利用、经济发展、城市建设和人民生活构成威胁的地质灾害，长期以来对城市建设和地区的可持续发展产生了巨大的危害。

据文献资料记载，中美洲墨西哥城于 1891 年最早发现地面沉降现象，但当时沉降量微小，危害性未显现，且将其归结于地壳板块运动等自然因素，没能引起足够重视。但现在该城市已经形成大面积区域性沉降区，平均沉降量达到 0.3 cm/a，最大累计沉降量超过 7.5 m。之后，日本于 1898 年在新潟发生因人为因素引起的地面沉降，至 1958 年地面沉降速率已达到 530 mm/a。20 世纪 50 年代后，随着城市化进程的加快，地面沉降在世界范围内普遍发生，到 1995 年美国 50 个州均发生地面沉降，年均控制成本达 4 亿美元。我国上海和天津在 20 世纪 20 年代发现地面沉降，60 年代沉降加剧，其原因是过量开采地下水。苏锡常地区地面沉降始于 20 世纪 50 年代末，到 60 年代末、70 年代，苏州、无锡和常州三中心城市区地面沉降加剧，80 年代扩散到整个地区，并形成严重的区域性地面沉降，沉降量大于 200 mm 的范围超过 5 000 km²，最大沉降量超过 2 m，其原因也是长期过量开采地下水。此外，泰国曼谷、意大利拉文纳、伊朗伊斯法罕、印度尼西亚雅加达等全球 60 多个国家和地区都饱受地面沉降带来的危害和困扰。

地面沉降给人们的生产和生活造成了极大的不便，并引发了一系列资源、环境、经济以及社会问题。迫于地面沉降问题的严重性，各个国家的政府和学者都积极开展包括成因机理、沉降量监测、沉降发展过程模拟预测等地面沉降科学研究。联合国教科文组织（UNESCO）还专门成立了地面沉降工作组，并联合国际水文科学协会（IAHS）以及其他一些组织机构分别于 1969 年、1976 年、1984 年、1991 年、1996 年、2000 年、2005 年、2010 年和 2015 年在日本东京、美国阿那纳海姆、意大利威尼斯、美国休斯敦、荷兰海牙、意大利拉韦纳、中国上海、墨西哥克雷塔罗及日本名古屋召开了九届地面沉降国际学术研讨会，对许多国家或地区的地面沉降监测、研究和防治产生了深远的影响。

总之，开展广泛而深入的地面沉降研究，对政府及相关机构及时发现潜在隐患、拟定合理的防治措施、保障经济社会与生态环境可持续发展方面具有重要意义。

0.1 国内外地面沉降研究现状

现有文献资料记载显示，最早记录地面沉降现象的是 1891 年的墨西哥城，当时由于地面沉降量不大、危害并不明显而未受到人们的重视。直到 20 世纪 30 年代，墨西哥的 J. A. Guevas 发表了《墨西哥城的地面沉降问题》、英国的 Longfied T. E. 发表了《伦敦地面沉降》之后，地面沉降问题开始受到国际社会的广泛关注。第二次世界大战之后，由于对地下水和油气资源的开采量快速增加，国际上许多大城市出现的地面沉降趋于严重。如日本的东京、美国的长滩等，地面沉降十分严重，经常遭受到风暴潮的袭击，造成了巨大的经济损失，从而迫使人们开始对地面沉降进行分析和研究。随着工业化的需要，不断地大量开采地下水资源，使得地下水位持续大幅度下降，产生了大范围地面沉降，遍及世界各地，从而迫使各个国家对地面沉降问题日益重视。

目前，世界上开展地面沉降研究的国家主要有美国、中国、日本、英国、墨西哥、意大利、荷兰、德国、泰国、新西兰、澳大利亚和南非等。国内外地面沉降研究主要集中在地面沉降的成因机制、地面沉降监测技术、地面沉降模拟及趋势预测、地面沉降治理及减缓措施等方面。

0.1.1 地面沉降的成因机制

地面沉降发育是受多重因素综合影响的复杂过程。如上海市城市建设的沉降影响约占地面沉降总量的 30%，是上海地面沉降另一重要制约因素。天津地区的构造沉降基本年速率为 1.3~2.0 mm，是一个背景性的长期性的过程。人们将这种受自然因素和人为因素共同作用的地面沉降称为广义地面沉降，但考虑到自然沉降在沉降总量中的微弱比重，实际研究中多只分析人为地面沉降。

1. 开采地下水引起的地面沉降

世界上广泛存在因超量开采地下水资源而引发的地面沉降现象。据调查，美国 80%以上已确定的地面沉降是人类抽取地下水的结果，我国因抽水而导致的地面沉降已遍及 17 个省区市，总沉降面积达 7 万平方千米。开采地下水导致地面沉降的机理，普遍采用有效应力原理进行解释。长期大量开采承压地下水，引起地下水降低，相邻各黏土层孔隙水向含水层释水，孔隙水压力降低，有效应力增大，黏性土被压缩；水体流动、渗透力作用及重力场变化，使黏性土颗粒重新排列、结构变形或破坏，造成土层压密；抽水作用使含水砂层颗粒排列紧密，间隙减小。上述三者共同作用，造成地面沉降。

监测显示地面沉降量与地下水位下降幅度呈高度正相关，地面沉降分布范围与地下水位降落漏斗基本吻合，而且地面沉降发育和生长的过程与地下水的开采过程基本保持一致或滞后一个时段。一般而言，地面沉降的发展都经历过缓慢沉降、显著沉降、急剧沉降等几个阶段，与同期地下水少量、大量、超量开采几个阶段相对应。在开展压缩开采量、人工回灌等治理措施之后，随着地下水位逐步恢复，沉降速率减小。特别是人工回灌地下水，可能引起地面在一段时间内回弹。

地面沉降是渗流场变化和地层应力重分布的过程。过量开采地下水会引起松散地层大量释水，造成含水层水位下降，孔隙水压力减小，同时含水层水位的下降也会影响相邻弱透水层水场的稳定，引起弱透水层水位下降，从而弱透水层孔隙水压力也减小。根据太沙基的有效应力原理，在土体总应力不变的情况下，这部分减少的孔隙水压力必然转化成土骨架承担的有效应力。故最终有效应力增加，引起土层压密，表现出地面沉降。

地面沉降量主要来源于弱透水层（黏性土层）压缩变形和含水砂层压缩变形，对弱透水层和含水砂层变形特征的研究是抽水地面沉降机理研究的重要内容。黏性土的变形具有塑性变形和蠕变的特点，而砂性土的变形特征较为复杂。薛禹群等试验表明，不同的砂性土在不同的应力条件下会有不同的表现，有的表现为弹性变形，有的表现为非线性变形，压缩变形以塑性变形为主并包含有蠕变是它变形的基本特点。所以砂土层变形也可能存在迟后效应。

发生地面沉降的地区一般都是由岩性不同的多种土层（如砂土层、黏质土层等）组成，各土层的沉降量不仅与土层自身特性（如压缩性）有关，还与土层的厚度以及地下水的采灌格局有关。压缩性小的砂性土层如果厚度大，也会引起较大的沉降。抽采和回灌水的状况影响地下水位的变化，导致土层经历不同的应力路径和应力历史，进而使土层表现不同的变形特征。薛禹群等研究了上海土层在 5 种地下水位变化模式下的变形特征。

对于大面积区域性地面沉降，由于水文地质背景复杂，各土层的变形特征不可一概而论。

研究区域性地面沉降的成因需要将不同的水文地质单元分离出来分别研究。试验证明，由于地下水位的不同，相同的水文地质单元在不同的时期也可能表现出不同的变形特征。

为分析开采浅层地下水引起的地面沉降对线状工程——高标准轨道交通工程的影响，孟庆文等人（2006）依据浅层地下水的性质和特点，阐述了抽水引起的地面沉降机理和计算方法，估算了由于抽取浅层地下水引起的地面沉降和影响范围，初步分析了这种地面沉降对客运专线路基、桥梁、轨道工程的影响。李国和等人（2009）分析了华北平原地面沉降对高速铁路桥梁工程的影响，提出在抽水井附近及地面沉降的中心区域，不均匀沉降较为严重，对桥梁结构变形影响较大，对不同结构形式的桥梁影响有所不同；在地面沉降的扩展区域内，表现为桥梁与地基一同下沉，对高速铁路桥梁工程影响不大。需采取适宜的对策和措施进行防治。孟庆文（2016）阐述了京津冀地区地面沉降状况和原因，分析了开采地下水引起的地面沉降对高标准轨道工程的影响，提出了地面沉降地区高标准轨道交通工程地质选线原则和综合防护措施。

2. 地面建筑荷载引起的地面沉降

近 20 年来，城市建筑物高层化和密集化趋势明显，地面荷载急剧增大，逐渐成为城市地面沉降新的重要制约因素。研究发现，大规模城市建设使上海在 1989 至 1995 年间的平均沉降率比在 1972 至 1988 年间的平均沉降率增长了 3 倍。城市建设的规模及其增长速度直接导致工程性地面沉降的同步增长，且建筑密度越大，容积率越高，地面沉降越明显。

在地面建筑荷载的作用下，土体产生附加应力，导致持力土层变形并伴随瞬时沉降，这一般在施工阶段瞬时完成。之后运营期间，土体的超静水压力迫使土中水产生流动的渗流（形成了水头差），土的孔隙比改变。随着时间推移，土的应力应变关系不断改变，土的固结逐渐趋于稳定。故饱和土体在外荷载作用下的沉降过程包含有瞬时沉降和固结沉降。

通常，单体建筑荷载引起的基础变形是浅部的和局部的，历时较短，危害性也有限。

但对于高群体集中建筑物荷载，由于在基底一定深度处产生附加应力的叠加，其对地面沉降的影响也表现出相邻建筑的单体基础变形的相互叠加，因此在一定的地质条件下，可能诱发大面积区域性地面沉降。

针对上海城市建设对地面沉降的影响，沈国平、王莉（2003）通过对典型地区调查研究认为地面沉降与建筑规模、建筑容积率、集中建设或分散建设、新增建筑等均存在关联关系。

介玉新等（2007）提出了等效影响荷载的概念，并据此较好地分析和解释了上海大面积建筑荷载引起的地面沉降的现象。唐益群等（2007）对密集高层建筑物群诱发的地面沉降叠加效应及其影响范围展开了初步研究，为防治因密集建筑荷载引发地面沉降提供了有益的参考。

3. 构造运动引起的地面沉降

2011 年在东北太平洋海岸发生地震后，发生了许多严重的地面沉降和塌陷，日本学者 K. Yasuhara 针对东北和关东地区，对比分析了地震前后地面沉降变化情况，是一种持续的、长时间的地面沉降，提出了这种持续的沉降情况主要是由地震构造运动引起的，其次是液化作用的影响。

0.1.2 地面沉降监测技术

长期、连续地进行地面沉降监测是准确把握地面沉降生长趋势及时空分布规律的前提与根本。常规地面沉降监测主要依靠重复水准测量，同时设置基岩标、分层标以掌握不同深度地层的变形情况。常规方法测量精度高，且实施灵活，在范围较小（<8 km）的城市地面沉降监测中十分受用，但在进行大面积区域性地面沉降监测时，因作业周期长、实时性差、资源耗费大等固有缺陷而显得效率低下。

随着空间测量技术的发展，地面沉降监测手段日益先进，使得准确、迅速、大面积监测地面沉降成为可能。

1. 全球定位系统（Global Positioning System，GPS）

GPS 测量技术具有高精度、全天候、自动化监测的优势。自 20 世纪 80 年代末开始，各国都相继开展了利用 GPS 大地高程变化量反映地面沉降的研究，得克萨斯州休斯敦是 1980 年代末开始采用高精度 GPS 技术进行地面沉降监测的地区之一。目前，在休斯敦城区有超过 170 个永久性 GPS 站（图 0.1-1），监测了过去 10 年（2005—2014 年）平均地面沉降和地下水水平的变化。

美国于 1992 年在加利福尼亚州莫哈韦沙漠的 Antelope 山谷建立第一个地面沉降 GPS 监测网，用以确定水准桩标的沉降变形。伊朗也于 1998 年开始运用 GPS 技术对 Rafsanjan 平原抽水引起的地面沉降状况进行评估。早期的地面沉降 GPS 监测多用来快速、粗略地确定沉降地区，以方便后续精确的连续测量。

随着 GPS 数据处理方法研究的加深以及相关软硬件的升级，GPS 高程分量精度已大幅度提升至毫米级。实验表明，在技术适当的条件下，GPS 测定的大地高程的精度可稳定在±2 mm 左右，对地面沉降的分辨率可以达到 3 mm。这证明了 GPS 监测地面沉降的可行性与可靠性。目前 GPS 精密定位技术已经逐步取代区域性水准测量而得到普遍应用，是区域性地面沉降监测网络的重要组成部分，为世界各沉降区域（如墨西哥

Aguascalientes、意大利 Venice、印度尼西亚 Jakarta 和中国上海、天津、西安等)的地面沉降研究工作积累了大量具有高精度高时间分辨力特征的基础数据资料。

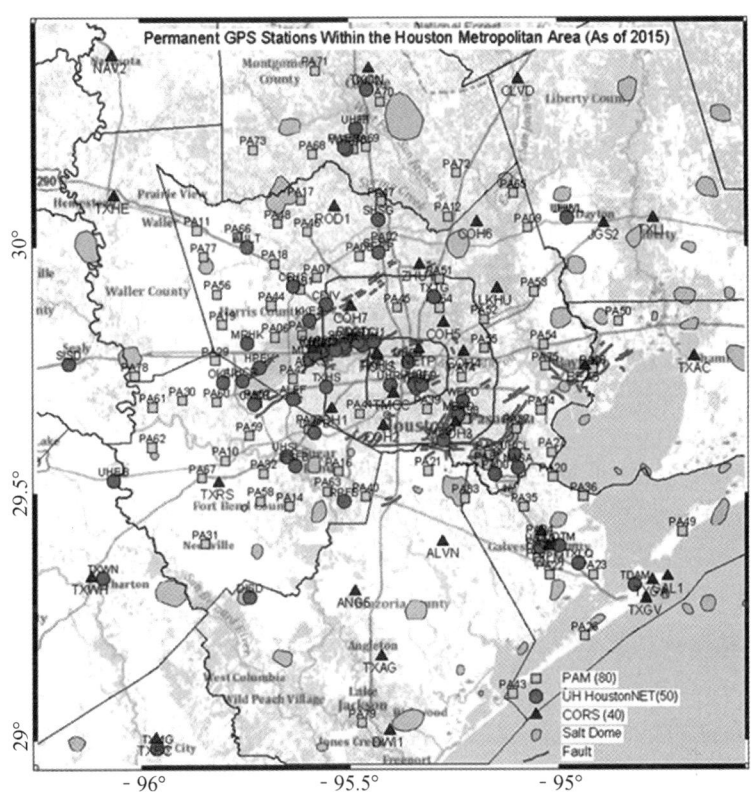

图 0.1-1　休斯敦城区内当前永久性 GPS 监测站位置

2. 合成孔径雷达干涉测量(Interferometric Synthetic Aperture Radar,InSAR)

InSAR 技术具有全天候、高精度和一定的对地穿透力等特性,且具有极高的空间分辨力,能获取连续地表位移的详尽空间信息。另外,InSAR 作为一种空基遥感探测技术,无需布设地面观测站,是一种低成本、高效率的全新对地观测方法。InSAR 技术以传统监测手段无可比拟的优越性迅速获得各国地面沉降学者的广泛青睐。

基于 InSAR 而发展起来的差分干涉测量（Differential InSAR，D-InSAR）主要是利用发生地面沉降前后的两景（或多景）重复轨道 SAR 复数图像来提取仅与地面形变有关的差分相位信息，在消除干涉相位的地形因素影响后，理论上可以监测毫米量级的地面沉降。目前，基于 D-InSAR 的地面沉降监测已取得许多成功应用：Jin Baek 等运用 JERS-1 卫星在 1992—1998 年间获取的 23 景干涉图像对韩国 Samchuk 煤矿地面沉降进行了分析，显示该地区发生了显著地面沉降，最大沉降量为 22 cm；V.Akbari 等对 ENVISAT 卫星 2004—2007 年间伊朗 Mashhad 山谷的 17 景 SAR 影像数据进行差分干涉测量处理，获取了该地区地面沉降的时间演化信息；此外，我国上海、苏州、天津、西安等地也都相继开展了地面沉降 D-InSAR 监测技术的研究与应用。

由于 D-InSAR 方法受时间去相关和空间基线去相关导致的干涉相位噪声以及大气延迟等因素的干扰会造成干涉质量下降，为弥补其不足并提高精度，近几年又发展起来了一种高级 D-InSAR 方法——基于永久散射体的雷达差分干涉测量（D-InSAR Based on Permanent Scatters，PS-InSAR）。其基本思想是在一组时间序列的 SAR 图像上识别出在长时间间隔内仍保持高相关性的 PS 点，这些离散的 PS 点可构成一个"天然的 GPS 监测网"，经过消除大气干扰和 DEM 误差影响后可以在这些 PS 点上高精度地估算时间序列的地表形变量。

PS-InSAR 的发展与应用是大面积、高精度监测地面微弱变形的技术革命，在区域性地面沉降监测中具有广阔的应用前景和不可替代的优势。当前我国在这一方面的研究已取得一定的进展。

目前，地面沉降监测手段呈现多极化综合发展的趋势，各种监测方法相互补充、相互检核，保证监测成果丰富、可靠。

美国地质调查局通过 InSAR、CGPS（Continuous Global Positioning System）及观测水井（图 0.1-2），对加利福尼亚圣约魁谷的地下水位和地面沉降同时进行了长期监测，较好地掌握了土地利用、地下水位、地面沉降及预防沉降处理措施之间的相互关系和规律，这些数据也为加州针对地下水开采造成地面沉降而引起损失等问题进行立法提供了有力的依据。

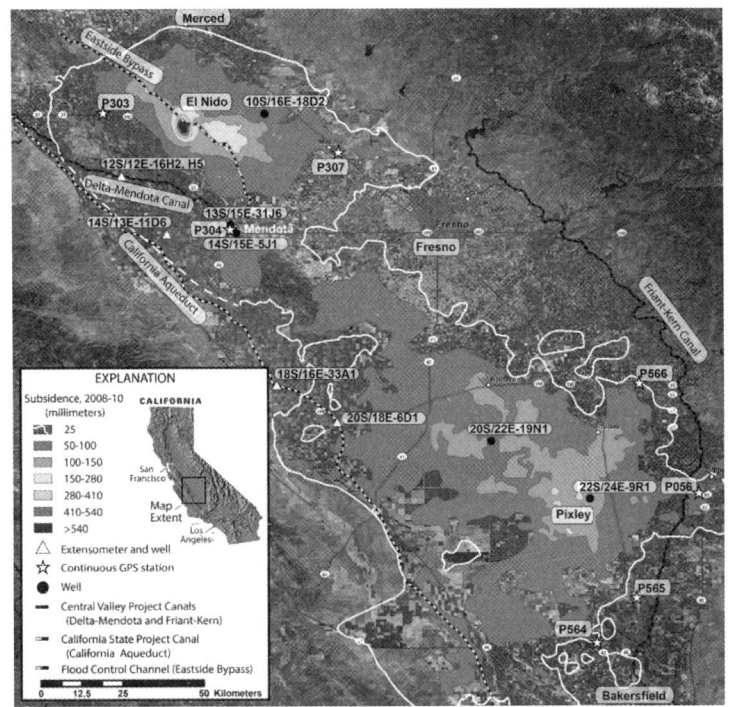

图 0.1-2 基于 INSAR、CGPS 及观测水井数据源的
加利福尼亚圣约魁谷区域沉降图（2008—2010）

1992—2013 年，我国台湾的赤水河冲积扇因抽取地下水，造成了大规模的地面沉降，下沉已危及台湾高速铁路的运行。台湾学者通过综合传感器监测系统，包括 GPS（全球定位系统）、PSI（持续散射干涉仪）、平级和多层压实监测，研究了其在岩体中的沉降程度及其机理，这些传感器在空间和时间分辨率上相互补充。

我国长江三角洲以及华北平原等区域都已布设区域地面沉降监测网络，包括地面沉降监测水准网、地面沉降 GPS 监测网以及地下水位（水量）动态监测网。当然 InSAR 作为一种重要监测方法已经进入实用阶段。这些丰富的监测手段提供了大量的多源观测数据，为进一步研究和掌握区域地面沉降成因机理以及时空演化规律提供有力可靠的数据支持。GPS/InSAR 融合技术，由于综合了二者优良性能，前景诱人。

从 2005 年开始，葛大庆等人率先在华北平原开展大范围地面沉降 InSAR（雷达干涉测量）监测技术研究与应用示范，至 2008 年，完成了关键技术研发，建立了基本的工作流程，获得了北京、天津、沧州、德州等典型地面沉降区的监测成果，经过与地面精密水准测量数据的对比，取得了年沉降速率 3~5 mm 的比较精度，奠定了 InSAR 技术大规模应用的技术基础；至 2010 年年底，经过多年的技术研究与应用实践，区域性地面沉降 InSAR 监测技术基本成熟，工程化监测能力得到检验，监测应用效果显著，引领了 InSAR 技术在地面沉降、矿区塌陷、高铁路基变形、油田地表下沉等领域的技术发展。

0.1.3 地面沉降模拟及趋势预测

地面沉降模型是地面沉降研究的重要内容，抽水引起地面沉降的过程模拟及趋势预测是当前模型研究的重要方面。国内外很多学者针对不同的水文地质条件及地下水采灌状况，提出了许多不同的地面沉降模拟预测方法，概略分类为：确定性模型、随机统计模型、人工智能模型。

1. 确定性模型

确定性模型基于抽水引起地面沉降的成因机制，描述水的渗流情况（渗流场模型）、土的变形特性（应力场模型）以及土与水的相互作用（二者耦合）。通常确定性模型又称为土水模型。

（1）渗流场模型：要求有再现地下水系统的能力，能真实刻画实际地下水系统中发生的物理过程。该模型主要分为经验模型、二维模型、准三维模型、三维模型。其中准三维模型将含水层的地下水作水平渗流处理，黏土层、亚黏土层中的水流作一维垂向渗流处理。我国上海和天津早期所建立的地面沉降模型均为此类模型。

三维模型由于将含水层和弱透水层中的地下水均作三维渗流处理，可较好地刻画地下水流场的真实状态，但数据参数要求高。

（2）应力场模型：根据土层的固结特征，应力场模型简单分为线弹性模型、非线性弹性模型和流变模型。线弹性模型简单认为土层的应力应变关系符合胡克定律，计算量较小，应用较多。非线性弹性模型和流变模型分别考虑到了土层固结的非线性及蠕变特性，较符合实际土体非线性、非弹性及各向异性特征。

在土层的固结过程中，流固耦合效应会导致土中孔隙比变化及渗透系数变化,进而影响地下水的渗流和土体的固结,所以地面沉降数值模拟必须考虑渗流场和应力场间的耦合模式。

按照渗流场和应力场结合方式,地面沉降模型可分为:两步计算模型、部分耦合模型和完全耦合模型。

(1)两步计算模型:先由渗流场模型求出水位或水压,作为应力场模型的边界条件,再进行沉降计算。两步模型计算原理简单,所需参数少,但它只限于计算一维垂向变形,且不考虑抽水过程中土层渗透性和贮水性的改变。我国上海、天津建立的地面沉降模型都采用此耦合方式。

(2)部分耦合模型:在两步基础上,考虑到土体的固结导致土中孔隙比、土的压缩性及透水性的动态变化。如冉启全和顾小芸1998年建立的三维渗流与一维固结部分耦合地面沉降模型。

(3)完全耦合模型:该模型基于著名的比奥(Biot)固结理论,考虑孔隙水压力的变化对土体变形的影响以及土体变形对孔隙水压力的影响,将渗流场模型和应力场模型统一于相同的物理空间。该模型的地下水流和土体变形既可以是一维的,也可以是二维、三维的,不仅反映地面沉降,也能反映土层的水平位移。如骆祖江等建立的吴江市浅层地下水开采与地面沉降控制三维全耦合模型,还有上海学者建立的上海市三维地下水渗流场和三维地质力学耦合模型(图 0.1-3),通过不同边界条件,重演了1979年至1995年期间上海地面沉降情况。完全耦合模型涉及的参数复杂,计算量大,目前在大面积区域性地面沉降数值模拟和预测中的研究还需要进一步加强。

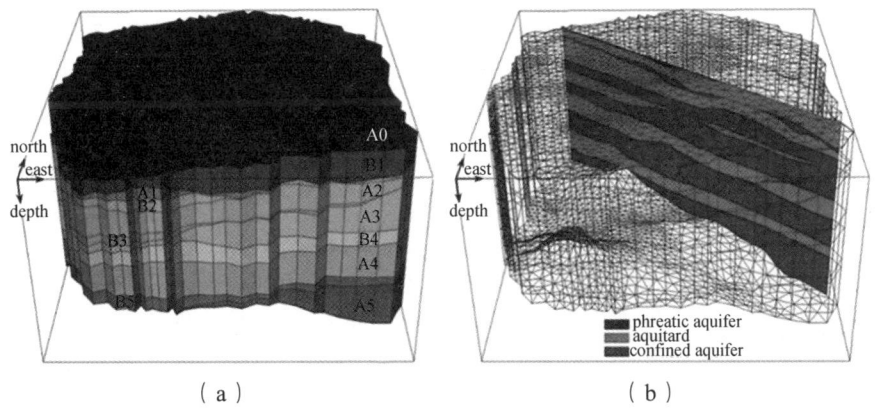

图 0.1-3 上海市中心区域三维有限元模型

2. 随机统计模型

地面沉降是多因素影响下松散土层压缩固结的结果，其发育生长亦表现出随机性、趋势性及周期性。当确定性模型难以准确建立时，构建基于大量监测数据的随机统计模型也是行之有效的方法之一。常用的随机统计模型有回归分析模型、时间序列模型和灰色模型。

回归分析模型采用拟合数学关系式表达输出变量与（多个）输入因子间的相关关系，其拟合和预测精度与样本容量大小有关。Mizumura 和 Kazumasa 运用回归方程模型研究了地面沉降量与历史沉降量、地面水位及降雪量间的关系，并对日本强降雪地区未来 1—2 月的地面沉降生长趋势进行预测，取得了良好效果；潘云等建立了天津市区地下水开采量-沉降量、地下水位-沉降量的线性回归方程，并预测了以后 9 年的地面沉降发展情况，结果显示可靠。回归分析模型计算简单，无须确定沉降区域的水文地质参数，但该模型的准确建立需要立足于大量监测数据之上，且所建模型不能反映地下岩土介质的本构关系。

时间序列分析通过时间序列的历史数据揭示现象随时间变化的规律，并将这种规律用数学模型加以表达，通过模型将这种规律延伸到未来，从而对对象的未来状态作出预测。Xia Linyuan 等研究显示运用 ARMA 模型模拟和预测工程引起的地面蠕变具有较好的适用性。

焉建国等利用自回归模型对上海地面沉降进行了拟合和推估，结果显示 AR（4）模型能较好地反映上海地面沉降的变形趋势。

灰色模型提供了贫信息情况下解决系统问题的新途径。它根据各因素之间发展态势的相似或相异程度来衡量因素间的关联程度，无须太多样本量和典型的分布规律。该模型已经运用于上海、天津、台湾、苏州、洛阳等地的地面沉降预测当中。

3. 人工智能模型

广义上讲，人工智能（Artificial Intelligence，AI）就是用计算机模拟和再现人类的某些智能行为。20 世纪 90 年代以来，人工智能模型随着计算机技术的飞速发展而取得重大突破，并在处理大规模复杂系统中出现的组合爆炸、非线性、高维、多峰值、不连续、非凸性及带噪声等难解问题时，表现出常规统计模型无可比拟的通用、稳健、简单、并行处理等优越性能。目前运用较广泛的人工智能模型有：以大规模非线性、并行分布式处理为特色的人工神经网络，擅长于自适应全局优化的遗传算法及擅长于模拟智能行为的模糊计算。

鉴于人工智能模型的优越性，地面沉降学者已经将它用来研究地面沉降的生长趋势，并取得一定的效果，为地面沉降的治理提供了理论依据。Hung-Zi CHEN 等采用人工神经网络模型对我国台湾北港地区的地面沉降进行预测，结果显示预测误差可达到 1 cm。王忠忠、钱为民构建了上海高桥地区的径向基神经网络模型，并对 1990—2010 年的地面沉降进行了预测。李红霞等建立了基于混沌优化 BP 神经网络的地面沉降预测模型，结果显示具有较高的拟合精度和较强的泛化能力。

0.1.4 地面沉降治理及减缓措施

地面沉降是一种累进式的地质灾害，严重阻碍人类经济及社会的可持续发展，必须采取地面沉降治理及减缓措施防止其恶性生长。早期的地面沉降防治措施多趋向于从社会经济角度出发，如压缩或限制地下水开采量、调节地下水开采层次和人工回灌（固体或液体）等。随着地面沉降的不断发育及区域性扩展，人们越来越注意到地面沉降必须从技术、行政、社会、经济、法律、政治等多方面进行综合考虑。上海 2006 年颁布了《上海市地面沉降防治管理办法》，2013 年实施了《上海市地面沉降防治管理条例》，使地面沉降治理及减缓工作上升到行政高度。技术措施是开展地面沉降综合治理工作的理论依据，近年来取得了一些重要进展，如上海和苏锡常地区逐步建立起统一的地面沉降监测网络，加强了各种监测资料的交流和共享，这对了解区域地面沉降整体分布规律和生长趋势以及提出综合、协调的治理措施相当有利。日本学者 K. Furuno, A. Kagawa 认为针对地下水资源的管理和治理，十分有必要建立一个有效的监测系统，对地下水抽取、地下水位和地面沉降进行持续观测。H. Guo, L. Wang 等根据北京平原地区现有的供水和需求，设计了几种地下水管理和调节方案。利用地下水模型对这些不同的管理和调节场景进行了模拟，并利用多准则模糊模式识别模型进行了评价。这种方法被证明是非常有用的，它科学地分析了地下水资源的可持续开发利用。此外，加强科普宣传、提高全民节约水资源及保护地质环境的意识也是地面沉降治理工作的重要方面。

总之，区域地面沉降作为一种全球普遍存在的重要地质灾害，国内外许多学者已经对其进行了大量广泛而深入的研究，为地面沉降综合防治提供了丰富的理论依据。然而必须指出的是，当前对区域地面沉降的研究多是针对抽水（引起）地面沉降而展开的，对其危害的分析也多是针对建筑、市政工程的，对于地面沉降对高标准轨道交通工程的影响，特别是高速铁路影响的研究不足，需进一步深入研究。

0.2 地面沉降引起的工程问题

地面沉降具有累进性和不可逆性，一般情况下，地面沉降将逐步积累，并产生长期影响，因此地面沉降是一种缓变型的地质灾害。总体来讲，由于通过大量汲取地下水（油气等）或其他人为活动引起的地面沉降，降低了地面高程，造成河流的泄洪能力和海岸带地区抗风暴潮能力降低，海（咸）水入侵，地裂缝的复活与产生，地下水源枯竭与水质恶化等一系列的不良地质问题，并对建筑物产生不良的影响，不均匀地面沉降还将造成地下管道等城市基础设施损坏等一系列危害。

1. 影响河流的泄洪能力和海岸带地区抗风暴潮能力

地面沉降改变了地面高程和自然地理形态，导致防汛工程设防标准的降低和防洪能力的减弱、城市排涝困难汛期积水严重、江河水位上升并强化海平面上升影响，使城市防汛安全受到威胁。

如天津平原是华北平原河流的集中入海区，地势相对低洼。地面沉降致使河流泄洪能力下降。为了保持海河、蓟运河等河流的防洪能力，需不断加高河堤，这又导致城区地面沉降中心雨水排泄不畅。由于不均匀地面沉降改变了城市地面形态和地下排水管网坡度，低洼地段雨后积水，积水的排泄又往往依靠人工或机械排水，给城市管理造成极大的困难和经济损失。

在海岸带，地面沉降降低地面高程，最大的危害是加重了滨海地区被风暴潮袭击的影响。地面沉降使海岸带地面高程降低，使防潮堤抵御风暴潮的能力变弱，海岸带城区和港口等遭受风暴潮的危害风险增大。

如天津滨海地区，夏末秋初，渤海天文大潮与风暴叠加往往形成高位风暴潮。根据历史资料记载，1550—1949 年共有 51 次，平均每 8 年发生一次风暴潮。1949 年以来，风暴潮记录资料完整，1950—1997 年发生风暴潮 29 次。其中，高潮位大于等于 5.4 m（大沽高程）的强风暴潮 5 次，分别发生在 1965 年、1972 年、1985 年、1992 年和 1997 年。1985 年和 1992 年两次风暴潮的直接经济损失分别达 1.0 亿元和 3.99 亿元。1992 年的风暴潮使 150 km 防潮堤有十几处被冲垮，天津港码头进水，仓库、油田被淹，沿海渔民的虾池、鱼池被冲坏，农户进水。2003 年，受 9～11 级东北风和天文大潮的共同影响，天津市近岸海域最高潮位为 5.33 m，超警戒水位 0.043 m，潮灾波及整个沿海，海水倒灌造成沿岸部分地区进水，塘沽一号路南侧、船闸、新港船厂及天津港客运码头附近地区被海水浸泡。

2. 海（咸）水入侵

近海地区的潜水或承压水层往往与海水相连，在天然状态下，陆地的地下淡水向海洋排泄，含水层保持较高的水头，淡水与海水保持某种动平衡，因而陆地淡水含水层在一定程度上能阻止海水的入侵。如果大量开采陆地地下淡水，引起大面积地下水位下降，并引起地面沉降，可导致海水向陆地地下水开采层入侵，使淡水水质变坏，并增加地下水的腐蚀性。

3. 地裂缝的复活与产生

近年来，我国不仅在西安、关中盆地发现地裂缝，而且在山西、河南、江苏、山东、北京等地也发现地裂缝。根据相关分析，地裂缝的复活和产生与当地大量开采地下水，导致部分地区发生了地面沉降有关。

4. 地下水资源枯竭和水质恶化

地面沉降的产生往往与地下水的过度开采有关。若一个地区盲目开采地下水，当开采量大于补给量时，地下水中有害离子含量增多，矿化度增高，从而恶化水质，并且地下水资源就会逐渐减少，以至枯竭，造成泉水断流，井水枯干。

5. 对建筑物的影响

大面积区域性的地面沉降对建筑物基础一般不会产生不均匀沉降，所以对地基基础的影响不大。但是小范围的不均匀地面沉降或特定层位的沉降对建筑物的影响却不容忽视。例如，当在建筑物附近抽水时，随着水位的降低，会在一定范围内引起地面沉降。若水位在压缩层范围内下降时，会导致岩土自重应力的增加，可能引起地基基础的附加沉降，并对桩基承载力产生影响。如果土质不均匀或地下水位突然下降，也可能使建筑物发生变形破坏。

另外，地面沉降还对城市基础设施造成破坏。不均匀地面沉降往往加重各种地下管线破损，改变高速铁路和地下轻轨的坡度而影响交通安全等。

0.3 地面沉降对高速铁路的影响

过去国内外学者主要研究地面沉降对城市建筑物的危害，也就是对某个地区的影响，很少考虑研究区域地面沉降对线状工程的影响。但是随着轨道交通工程运营速度的逐渐提高，区域地面沉降对轨道交通工程的影响也越来越大，因为高速铁路对路基、桥梁的稳定性、变形程度及轨道的平顺性有更严格的要求，因此，有必要深入研究地面沉降的规模、程度，及其对铁路工程的影响，并预测地面沉降的发展趋势。

0.3.1 高速铁路对工后沉降和轨道静态铺设精度等方面的要求

《高速铁路设计规范》TB 10621—2014 对工后沉降、轨道铺设精度以及线路坡段间的连接等都有明确规定，现摘录如下。

1. 路基工后沉降要求

路基工后沉降应符合下列规定：

（1）无砟轨道路基工后沉降应符合线路平顺性、结构稳定性和扣件调整能力的要求。工后沉降不宜超过 15 mm；沉降比较均匀并且调整轨面高程后的竖曲线半径符合式（0.3-1）的要求时，允许的工后沉降为 30 mm。

$$R_{sh} \geqslant 0.4v^2 \qquad (0.3\text{-}1)$$

路基与桥梁、隧道或横向结构物交界处的工后差异沉降不应大于 5 mm，不均匀沉降造成的折角不应大于 1/1 000。

（2）有砟轨道正线路基工后沉降应符合表 0.3-1 的规定。

表 0.3-1　有砟轨道正线路基工后沉降控制标准

设计速度/（km/h）	一般地段工后沉降/cm	桥台台尾过渡段工后沉降/cm	沉降速率/（cm/a）
250	≤10	≤5	≤3
300、350	≤5	≤3	≤2

2. 桥梁涵洞工后沉降的要求

墩台基础的沉降应按恒载计算，其在恒载作用下产生的工后沉降不应超过表 0.3-2 规定的限值。特殊条件下无砟轨道桥梁无法满足沉降限值要求时，可采取预留调整措施的方式满足轨道平顺要求。

表 0.3-2　静定结构墩台基础工后沉降限值

沉降类型	桥上轨道类型	限值/mm
墩台均匀沉降	有砟轨道	30
	无砟轨道	20
相邻墩台沉降差	有砟轨道	15
	无砟轨道	5

注：超静定结构相邻墩台沉降差除应满足上述规定外，尚应根据沉降差对结构产生的附加应力的影响确定。

涵洞工后沉降限值应与相邻路基工后沉降限值一致。

3. 轨道静态铺设精度要求

正线轨道静态铺设精度标准应符合表 0.3-3 和表 0.3-4 的规定。

表 0.3-3　正线轨道静态铺设精度标准

序号	项目	容许偏差	备注
1	轨距	无砟轨道±1 mm 有砟轨道±2 mm	相当于标准轨距 1 435 mm
		1/500	变化率
2	轨向	2 mm	弦长 10 m
		2 mm（5 或 8a）m	基线长（30 或 48a）m
		10 mm（150 或 240a）m	基线长（300 或 480a）m
3	高低	2 mm	弦长 10 m
		2 mm（5 或 8a）m	基线长（30 或 48a）m
		10 mm（150 或 240a）m	基线长（300 或 480a）m
4	水平	2 mm	不包含曲线、缓和曲线上的超高值
5	扭曲	2 mm	基长 3 m 包含缓和曲线上由于超高顺坡所造成的扭曲量
6	与设计高程偏差	10 mm	站台处的轨面高程不应低于设计值
7	与设计中线偏差	10 mm	

注：表中轨向、高低栏中的 a 为无砟轨道扣件节点间距；容许偏差列中括弧内为矢距法检测测点间距；备注列括弧内为基线长，其中含 a 表达式适用于无砟轨道，与其对应的具体数值适用于有砟轨道。

表 0.3-4　正线道岔静态铺设精度标准

项目	高低	轨向	水平	扭曲 （基长 3 m）	轨距	
幅值/mm	2	2	2	2	±1	变化率 1/500
弦长/m	10				—	

4. 线路坡段间的连接要求

坡段间的连接应符合下列规定：

（1）正线相邻坡段的坡度差大于或等于 1‰时，应采用圆曲线型竖曲线连接，最小竖曲线半径应根据设计速度按表 0.3-5、表 0.3-6 选用。

表 0.3-5　最小竖曲线半径

设计速度/（km/h）	350	300	250
最小竖曲线半径/m	25 000	25 000	20 000

表 0.3-6　限速地段最小竖曲线半径

设计速度/（km/h）	200	160	120	80
最小竖曲线半径/m	15 000	15 000	10 000	5 000

（2）最大竖曲线半径不应大于 30 000 m。

（3）最小竖曲线长度不应小于 25 m。

（4）竖曲线（或变坡点）起终点与平面曲线起终点间的最小距离不宜小于 20 m。竖曲线（或变坡点）与缓和曲线、道岔均不应重叠设置。

（5）竖曲线与平面圆曲线不宜重叠设置，困难条件下重叠设置时，最小曲线半径应符合表 0.3-7 的规定。

表 0.3-7　竖曲线与平面圆曲线重叠设置时的最小曲线半径

设计速度/（km/h）		350	300	250
平面最小圆曲线半径/m	一般条件	7 000	5 000	3 500
	困难条件	6 000	1 500	3 000
最小竖曲线半径/m		25 000	25 000	20 000

（6）动车组走行线相邻坡段的坡度差大于 3‰时，宜设置圆曲线型竖曲线，竖曲线半径不宜小于 5 000 m，困难条件下不应小于 3 000 m。

由此可见，为了达到高平顺性的要求，高速铁路对工后沉降、轨道铺设精度、坡段间连接等方面的要求十分严格，但是地面沉降具有累进性、缓变性的特点，若处置不当，势必会影响高速铁路的建设和运营。

0.3.2　地面沉降对高速铁路的影响

高速铁路列车是否能够安全、平稳、舒适运行，是通过轨道的平顺性来体现的，但是真正影响高速铁路列车安全、平稳、舒适运行的不仅仅是轨道，而是由路基、桥梁、隧道和轨道等组成的整体基础设施。地面沉降具有的累进性和缓变性特点，或多或少地会影响高速铁路工程的工后沉降、线路坡度和坡段间竖曲线，在某些特定区域很可能会影响轨道铺设精度等。

1. 地面沉降对工后沉降的影响

地面沉降的发生发展比较缓慢，影响范围广，一般来说，区域性大、相对均匀的地面沉降对高速铁路的影响较小。但是高速铁路是线状工程，有可能经过地面沉降的沉降漏斗边缘区或沉降漏斗的急剧变化带，也可能经过小型、不均匀的沉降漏斗区。这种地面沉降急剧变化区，很可能对高速铁路工程的工后沉降产生不利影响，导致工后沉降、沉降速率、沉降折角等逐渐满足不了高速铁路设计的要求，进而影响轨道平顺性。

2. 地面沉降对线路坡度和竖曲线的影响

高速铁路建成时，沿线的坡度和变坡点处的竖曲线都是符合设计要求的，但是在地面沉降地区，地面沉降具有缓变性的特点。随着时间的推移，地面沉降或沉降漏斗会发生变化，势必会影响线路的原设计坡度，并且影响变坡点处的竖曲线。特别是在沉降漏斗边缘区或沉降漏斗的急剧变化带，其影响将更加明显。

3. 地面沉降对轨道铺设精度的影响

高速铁路轨道铺设采用一次铺设跨区间无缝线路技术，该技术对线下工程的稳定性要求很高，但是地面沉降尤其是沉降漏斗的急剧变化带有时会影响线下工程的稳定性，从而间接影响无缝线路的铺设。特别是对无砟轨道工程而言，影响更大。

总之，高速铁路路基、桥梁、隧道及轨道等各类结构物的建设标准和技术要求比一般铁路高很多的根本原因就是高速铁路必须保证轨道须具有持久稳定的高平顺性。在高平顺性的轨道上，高速列车的振动和轮轨间的动作用力均较小，行车安全和平稳性、舒适性能够得到保证，轨道和机车车辆部件的使用年限和维修周期也较长。但是在地面沉降快速发展的地区，即使轨道、路基、桥梁等结构在强度方面完全满足要求，当地面沉降影响到轨道平顺性时，在高速行车条件下，各种轨道不平顺引起的车辆振动和轮轨动作用力将大幅提高，导致平稳、舒适、安全性严重恶化，影响高速铁路的行车安全。

1 国内外地面沉降现状

1.1 国外地面沉降现状

据文献资料记载,中美洲墨西哥城于1891年最早发现地面沉降现象,但当时沉降量微小,危害性未显现,且将其归因于地壳板块运动等自然因素,没能引起足够重视。但现在该城市已经形成大面积区域性沉降区,平均沉降量达到 0.3 cm/a,最大累计沉降量超过 7.5 m。

日本于 1898 年在新潟最早发生地面沉降,至 1958 年地面沉降速率达 530 mm/a,1952—1956 年新潟是日本地面沉降最严重的地区。日本东京附近因海底水溶性天然气开采引起的地面沉降也在得到重视。日本东京附近的平原是在几十万年甚至几百万年的海洋环境和地质活动作用下形成的,储存了高质量的水溶性天然气等矿物。从 1930 年以来,特别是 1969 年以来的大规模开采水溶性天然气,在过去的 35 年中,最大累计沉降达到 0.88 m,沉降面积 800 km^2,海岸线后退了 20~50 m,2002 年沉降 20 mm 左右,工作井处的最大沉降有 40 mm/a。地面沉降的城市或地区还有东京、大阪和佐贺县平原,其他地区还有名古屋、川崎、山口、尼崎及西宫等。

美国于 1922 年最早在加州萨克拉门托 San Joaquin 流域发现沉降,1920—1969 年地下水位下降达 137 m,累积地面沉降达 2.6 m,影响范围 9 100 km^2。休斯敦地区的地面沉降开始于 19 世纪后期,地下水一直是该地区市政用水、工业用水和农业用水的主要来源。地下水抽取导致了区域性地面沉降。到 1995 年,地面沉降超过 0.3 m 的面积至少达 9 500 km^2。根据精密水准、GPS 和分层标测量的结果,1906—2000 年的最大地面沉降量达 3.0 m。

美国休斯敦-加尔维斯敦(Houston-Galveston)地区开发始于 19 世纪后叶,地下水也一直是该地区市政用水、工业用水和农业用水的主要来源。地下水抽取和随后的测压面下降导致了区域性地面沉降。到 1995 年，地面沉降超过 0.3 m 的面积至少达 9 500 km^2。根据精密水准测量、全球定位系统测量和分层标测量的结果，1906—2000 年的最大地面沉降量估计达 3.0 m。

美国加州爱德华兹空军基地也受到地面沉降的危害。其主要是作为飞行器（包括航天飞机）的着陆跑道，原是一个干涸湖底，1988 年开始出现裂缝和空洞。调查结果显示，地下水位下降和伴随的含水层压缩引起了差异性地面沉降，造成了凹坑、地裂缝和湖底的加速风化。从 20 世纪 20 年代末到 1992 年年末地下水位下降了 45 m，由此造成附近地区地面沉降超过 1.2 m。分层标数据显示在 1990 年 5 月到 2004 年 9 月含水层压缩大约 0.2 m，而相应的地下水位下降为 2 m，分层标数据与 1992 年、1998 年的重复 GPS 和水准测量数据对比，结果显示 1/3 的沉降量来自分层标所在深度 256 m 以下的土层压缩。1970 年以来几乎所有的沉降量都是由中间含水层之内及相邻的两个厚弱透水层的残余压缩造成的。

在意大利，人类活动引起的地面沉降从 20 世纪以来一直广泛地影响着北部的维尼托地区。工业、生活和农业抽取地下水，矿泉水、疗养温泉、沼气水的开发和农业开垦时的泥炭氧化在整个地区引起了地面沉降。此外，第四系沉积物的自然固结和前第四系基底的构造作用也增加了地面沉降。

意大利波河三角洲自第二次世界大战后出现的大范围地面沉降，也是 20 世纪 70 年代以来大量抽取地下水造成的。由于含水层之间黏土弱透水层存在滞后压缩，海岸带地区存在明显沉降，滨海地区成为环境最脆弱的地方。

意大利托斯卡纳南部的岩溶地貌中有很多地热泉。沉降现象在激活斜坡运动的过程中起着重要作用，特别是在开采率巨大、表面工程很多的矿区。由自然或采矿引起的地面沉降都加速了重力活动，提高上覆山坡中的应力状态。自然原因引起的沉降，由灰岩中的空洞引起，这个空洞是深层地热循环形成的喀斯特孔隙。金属矿山区采矿过程中的热水和淡水循环，也对沉降造成了影响。

意大利南部地区由于缓慢重力变形和岩盐开采也引发了地面沉降。其影响因素包括绵延 2.5 km 的圆弧形断裂，以及岩盐开挖，还包括地下水引发的化学溶解。发生地面沉降的层位包括遭受过海侵的中新世含盐黏土层，以及下伏于中新世含盐黏土层下的混杂层中的鳞状泥板岩层。

意大利、斯洛文尼亚与阿尔巴尼亚也都关注到因地下水开采引起了沼泽地的地面沉降。

威尼斯环礁湖因在过去和现代地质形态多变为很多人所知。环礁湖的环境受自然和人类控制因素的影响很大。在 20 世纪，人类做的较大的改变就是把它的南部地区变成了农田。这片开垦地中的二氧化碳释放到空气中，土地氧化，开垦地的泥土转变成泥炭土。碳的流失导致了地面沉降，目前的地面低于环礁湖的平均高度。这使防洪成为一个问题，增加了排水系统的运作和维护费用。这 70 年来泥炭土总的沉降为 1.5 m 左右，现在的速度为 1.5~2 cm/a，物理化学反应决定于泥土的含水量和温度，也受农业和种植的庄稼及地下水面的影响。在 24 km² 汇水区内布置仪器来监测基本的参数和地面的运动，采用场地测量和远程感应数据相结合的方法来弄清楚地面沉降特性。

自 20 世纪 60 年代以来，西班牙洛尔卡市所在的上瓜达兰丁盆地一直受到地下水位严重变化的影响发生持续的地面沉降（见图 1.1-1）。瓜达兰丁盆地位于西班牙，它包括一个含水层系统覆盖一个地区约 277 km²，由上第四纪碎屑和冲积物质（包括黏土、砂土和砾岩）、中新世碎屑砾岩和砂层、三叠系碳酸盐岩石组成。自 1960 年以来，由于农业的发展，对区域含水层的过度开采，引起了地面的持续下沉，当地政府在 1979 年宣布暂时停止地下水过度开发。

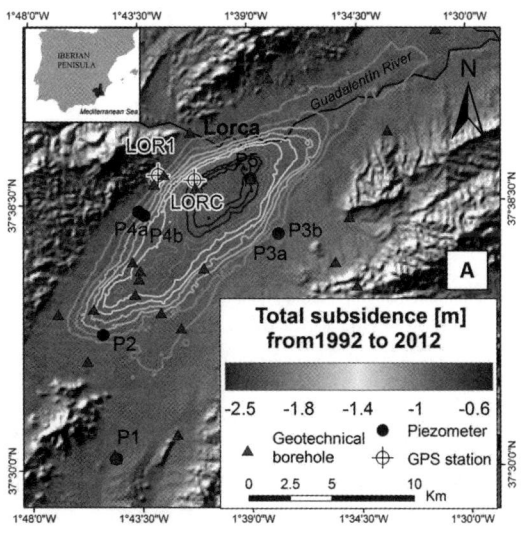

图 1.1-1　瓜达兰丁盆地的累积位移（1992—2012 年）（单位：m）

阿尔巴尼亚马里奇沼泽地，是由第四纪和新第三纪冲积土以及没有分化的上新世和上新世第四纪沉积物组成。泥炭层的分布对地面沉降产生了重要影响。最年轻的泥炭层厚 30～35 m，由两种细颗粒黏质土层组成。因此在最初形成的时候，沼泽地的深度未超 30 m。马里奇凹陷一直处于不断沉陷中，1952—1977 年的监测中发现沼泽地的沉陷一般为 0.5～3 m。

墨西哥市附近地区的地面沉降演化过程如图 1.1-2 所示。墨西哥市附近地区的地面沉降是由上部弱透水层压缩引起的，这些弱透水层主要由饱和淤泥质黏土沉积物组成，并夹有火山灰砂质透镜体。对该地层序列上部 15 m 的物理和力学性质进行了包括重力含水率、密度、粒度、固结试验、X 光衍射等测试，该地层序列中有 5 层不同的淤泥质黏土层，以水铝英石和蒙脱石为主要矿物。结果表明，最大黏土含量为 28%，最小密度为 1.61 g/cm^3，孔隙度高达 86%，重力含水率高达 350% 左右，该地层最高压缩指数为 3.11。该上部弱透水层中裂隙有进一步发展的趋势。裂隙和砂岩透镜体的出现增大了水力传导系数，加速了沉降。作为地面沉降的形成因素，强调了最上层弱透水层的黏土矿物学、物理特性和力学特性之间的关系。墨西哥部分地区的地面沉降也与断裂面扩张有关系。

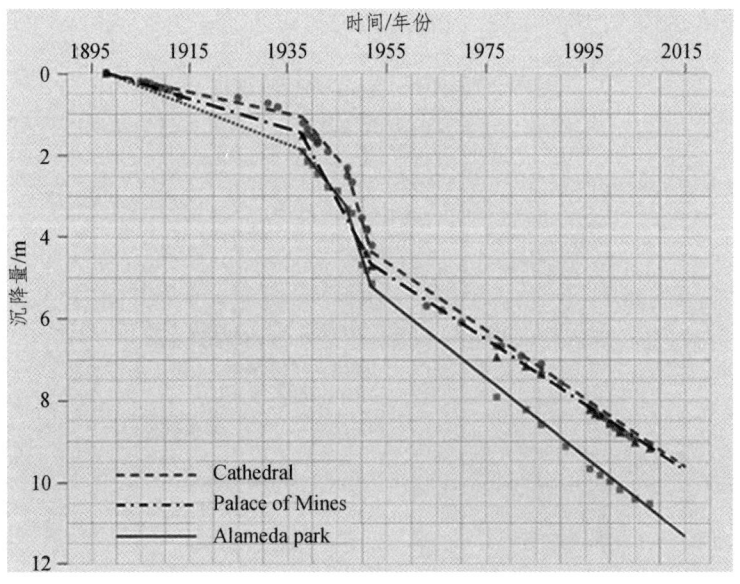

图 1.1-2　1895—2015 年墨西哥市附近地区地面沉降演化过程

印度的第四纪沉积层覆盖了该国地表约 1/30。宽阔的印度恒河平原由各类第四纪沉积物构成，其中包括黏土、砾石、砂—粉砂—黏土的多期层序，体现了悠久的河流沉积和地貌历史。每一个地貌单元都是一定资源与灾害的独特集合体，自然或人为原因的地貌形态的损害将引起灾难性后果，地面沉降是其中一种重要的表现。最早有关印度恒河平原西北部的地面沉降的记载是在公元前 2500—前 2200 年。埋藏于地下的公元前 2200—前 1700 年和公元前 850—前 400 年的城市考古挖掘结果表明，盆地的下沉伴随着大洪水和沉积作用，直接导致了那段时期古文明的消失。由于深部采矿缺乏足够的支撑，过度开采引起了地面沉降，这一灾害在煤矿区逐步凸现。

对印度恒河平原的调查，揭示了地下水的环境条件，含水层系统由水平分布的砂质层和黏土层或粉土层构成。几十年来人口的不断膨胀也引起了对地下水的大量开采，地下水位不断下降。1986 年 8、9 月间，恒河左岸古城附近马路上出现了直径 3.65~12.19 m、深度 4.57~6.10 m 的几个坑洞。2003 年 8 月开始出现破裂，路面沉降引起了地面塌陷，导致多辆重载卡车陷入其中，并导致多层公寓出现倾斜。对冲积平原的时空认识、含水层补给和排泄都是研究印度恒河平原地面沉降的关键。

印度尼西亚首都雅加达的地面沉降历史也很长，当地的地面沉降与过度的地下水开采有关。1982、1991、1997 年进行的高程测量显示：1982—1991 年沉降达到 80 cm，1991—1997 年沉降达到 160 cm。GPS 测量方法测出 1997—2002 年沉降达到 50 cm 左右。用 InSAR 技术得出 1993—1995 年每年的沉降量为 5~10 cm。在雅加达的中东部和西北地区测到的沉降最大，在南部地区沉降最小，沉降速率随空间和地域变化。

伊朗也面临农业抽取地下水产生的地面沉降问题。地下水的抽取方式和速度与地面沉降的速度有很大的关系。

斯里兰卡对断裂硬质岩石中腐蚀引起的地面沉降做了分析。通过对一个不稳定斜坡的剖析，了解到该地区下垫层是高度破裂的岩石，但没有迹象表明会发生滑坡。房屋墙面的倒塌是地面沉降引起的。山底部流出的地下水将可溶性离子及细的固体破裂岩石颗粒带出。固体颗粒的减少在岩石自身内部产生孔洞，上部的细的岩石材料和上部的覆土向下填充孔洞。这种表土的减少是由于地表下同类材料腐蚀引起上面土体向下运动产生的。这种腐蚀过程产生了地面沉降。

另外，在许多沿海和三角洲城市，地面沉降速率现已超过绝对海平面上升速率的 10 倍（见图 1.1-3）。沿海城市严重地面沉降的主要原因是与快速城市化有关的过度地下水开采和人口增长。由于没有采取行动，雅加达、胡志明市、曼谷和其他许多沿海城市的部分地区城市将下沉到海平面以下。地面沉降增加了洪水的易损性（频率、淹没深度和洪水持续时间），洪水造成重大的经济损失和生命损失，据估计，全球每年的损失总额达数十亿美元。

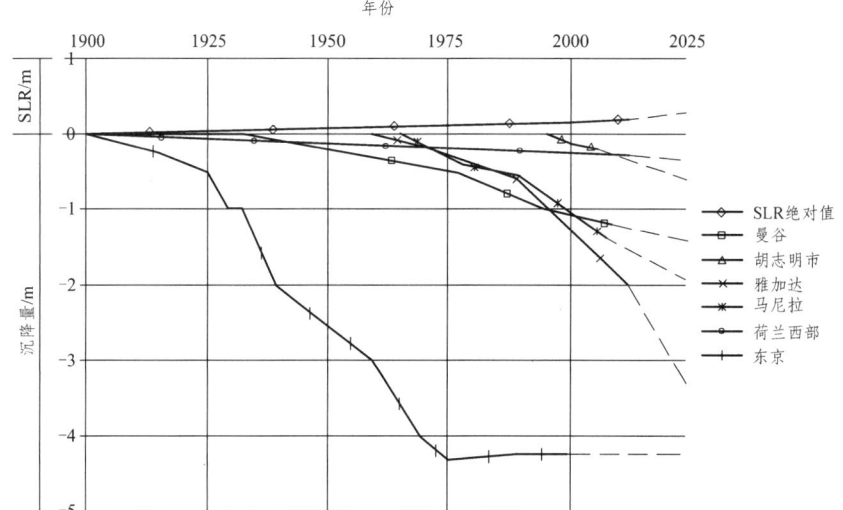

沿海城市沉降情况

地 区	累计沉降量 （1900—2013 年） /mm	沉降速率 /（mm/a）	最大沉降速率 /（mm/a）	2025 年之前预估额外累积沉降量/mm
曼谷（Bangkok）	1 250	20~30	120	190
胡志明市（Ho chi minh city）	300	Up to 80	80	200
雅加达（Jakarta）	2 000	75~100	179	1 800
马尼拉（Manila）	1 500	Up to 45	45	400
新奥尔良（New Orleans）	1 130	6	26	>200
东京（Tokyo）	4 250	Around 0	239	0
荷兰西部（West Netherlands）	275	2~10	>17	70

海平面上升（SLR）

项　　目	1900—2013年期间累积海平面上升/mm	上升速率/（mm/a）	最大速率/（mm/a）	2025年之前预估额外累积上升量/mm
全球范围	195	3	—	86

图 1.1-3　全球海平面上升（SLR）和几个沿海城市的平均地面沉降

1.2　国内地面沉降现状

我国地面沉降灾害始于 20 世纪 20 年代的上海及天津市区；到 60 年代两市地面沉降灾害已经十分严重；70 年代，长江三角洲主要城市及天津市平原区、河北平原东部相继产生地面沉降；80 年代以来，这些地区的中小城市、农村地下水开发利用量大幅度增加，地面沉降范围也因此从城市向农村扩展，并在区域上连片发展，地面沉降范围扩大。据初步统计，20 世纪 90 年代初，上海、天津、北京、江苏、浙江、河北等 16 个省(区、市)地面沉降面积约为 48 700 km²，到 2003 年已达到 93 855 km²，形成了长江三角洲、华北平原及汾渭断陷盆地等地面沉降灾害严重区。发生地面沉降的城市主要有长江三角洲的上海、苏州、常州、无锡、扬州、泰州、南通、杭州、嘉兴、湖州、宁波、绍兴、温州、温岭、白州，华北平原的北京、天津、石家庄、沧州、保定、衡水、任丘、南宫、霸州、大城、曲周、唐海、晋州、德州、济宁、滨州、东营、徐州，汾渭地堑的西安、太原、大同、临汾、榆次、运城以及安徽阜阳等 50 多个城市。其中沉降中心累计最大沉降量超过 2 m 的有上海、天津、太原、西安、无锡、沧州等城市，天津塘沽最大沉降量已达 3.1 m，西安、太原、沧州、常州为地裂缝灾害严重区，严重威胁了当地人民生命财产安全。以下将介绍我国三大地面沉降区基本状况。

1.2.1　长江三角洲地区

长江三角洲是我国地面沉降最为严重的地区。其中，上海地区是我国发生地面沉降现象最早、影响最大、危害最深的城市，1910—1919 年上海市区西门外宁班路（现淮海东路）的里程碑经重复水准测量，其高度变化仅为 3.9 mm，反映当时上海市区地面基本无明显的沉降现象。1921—1948 年市区地面沉降现象明显，分别在静安区（江宁路—新闸路口）和黄浦区（西藏路—北京路口）形成了沉降漏斗区。可将自 1921 年以来市区地面沉降动态变化过程划分为 2 个历史时期及其 7 个不同的发展阶段（表 1.2-1）。

表 1.2-1 上海市中心城区地面沉降阶段特征表

时 期	阶 段	年沉降量 /（mm/a）		累计沉降量 /mm	
		平均	最大值	平均	最大值
沉降发展时期（1921—1965）	初始沉降阶段（1921—1948）	22.8	42.0	639.0	1 139.0
	加速沉降阶段（1949—1956）	40.3	96.0	961.0	671.0
	严重沉降阶段（1957—1961）	98.6	287.0	1 454.0	1 149.0
	缓和沉降阶段（1962—1965）	59.3	164.0	1 691.1	493.0
沉降基本控制时期（1966 至今）	微量回弹阶段（1966—1971）	+3.0	+17.0	1 672.9	+53.0
	相对稳定阶段（1972—1989）	3.6	39.0	1 737.5	
	微量沉降阶段（1990 至今）	15.6		1 909.1	

注：+代表地面沉降回弹。

20 世纪 80 年代以来，江苏的苏（州）—（无）锡—常（州）及扬州—泰州—南通地区与浙江的杭（州）—嘉（兴）—湖（州）及宁（波）—绍（兴）地区相继发生了地面沉降灾害。20 世纪 90 年代末，苏锡常、杭嘉湖及上海市累积沉降超过 200 mm 的面积近 10 000 km^2，为当地总面积的 1/3，并在区域上有连成一片的趋势。以上海市中心、苏锡常、嘉兴为代表的沉降中心区的最大累积沉降量分别达 2.63、2.80、0.82 m。上海市于 20 世纪 60 年代初期开始建立地面沉降监测网络，采取多种措施进行防治，使地面沉降得到了有效控制。90 年代以来，由于大规模的城市建设，高层建筑荷载及市周边地区增加开采地下水，致使中心城区地面处于新的加速沉降阶段。在苏锡常地区，虽然近年来已经实行地下水禁采，地下水位大部分地区已开始有所回升，但沉降速率仍然达到 20~40 mm/a，部分乡镇高达 80~120 mm/a。1990 年后苏锡常地区发生了地裂缝灾害，已发现 20 余处地裂缝灾害，规模较大地区地裂缝带长数千米、宽数十米不等，地裂缝带沉降差异还在继续发展，仍处于高发时期。杭嘉湖平原地面沉降不断向区域性发展，形成多个沉降中心。截止到 2000 年，嘉兴沉降中心累计沉降量达 827.6 mm，1991—2000 年平均沉降速率为 23.0 mm/a，2000 年沉降速率为 14 mm/a，表明其沉降速率有减缓趋势。近年来，浙江省沿海地带的城市由于地下水超采严重，地面沉降发展较快。2002 年宁波市沉降中心累计沉降量达 484.6 mm，沉降面积超过 175 km^2，沉降速率 3~12 mm/a，沉降中心沉降速率 6~10 mm/a。温岭市西部平原已形成了多处沉降带，中心累计沉降量已大于 1 300 mm，地面累计沉降量大于 300 mm 的面积已达 36.45 km^2，已成为浙江省地面沉降地质灾害最为严重的地区。

1.2.2 华北平原地区

华北平原是我国地面沉降灾害严重的地区。天津、沧州和北京东郊形成 3 个沉降中心，表 1.2-2 至表 1.2-4 表示出华北平原及其所包含的各个省（市）的地面沉降发展趋势。

表 1.2-2 北京市地面沉降发展状况简表

时间	发生地面沉降总面积/km^2	沉降大于 100 mm 或 200 mm 区域面积/km^2	沉降中心沉降量/mm	沉降中心位置
1935—1952	—	—	58	西单，东单
1966—1983	600	190（>100 mm） 42（>200 mm）	277（北） 532（南）	来广营（市北）、大郊亭（市南）
1987 至今	>1 800 mm	350（>200 mm）	—	来广营、大郊亭、海鹄洛、平各庄和榆垡

表 1.2-3 天津市地面沉降发展状况简表

位置	地面沉降总面积/km²	累计地面沉降量/m（1959—2000）	沉降速率/(mm/a)（1985）	近年来的沉降速率/(mm/a)	海平面以下区域面积/km²
市区	540	2.85	86	10~15	—
塘沽区	200	3.14	>100	15~20	8
汉沽区	270	2.89	82	35~45	9
大港区	295	1.25	50	30~35	—
海河下游	330	2.10	73	35~45	—
杨柳青区	—	—	—	60~70	—
武清区	—	—	—	>100	—

表 1.2-4 河北省地面沉降发展状况简表

位置	沉降量大于300 mm区域面积/km²	沉降量大于500 mm区域面积/km²	沉降量大于1 000 mm区域面积/km²	最大沉降量/mm
沧州沉降区	9 363	3 887	504	1 961.60
大城沉降区			0	731.40
南堡和唐海沉降区	2 920	1 666	251	803.80
保定沉降区	785	0	0	466.75
霸州沉降区	310	0	0	431.13
衡水沉降区	275	0	0	402.0
南宫沉降区	1 363	0	0	455.60
曲周沉降区	1 328	122	0	678.80
任丘沉降区	1 800	0	0	498.53

天津地面沉降与上海同步，始于20世纪20年代，中华人民共和国成立以来，地面沉降严重加剧，最大沉降量已经超过3.1 m，为全国之最。天津的地面沉降问题非常复杂，特别是沉降中心向海岸线迁移，反映出有深层石油开采的叠加作用。沿海一带已出现负海拔标高地区近20 km²，淤积突出，风暴潮灾害非常严重。向西与河北平原沉降已连成一体，与

华北地下水开采形成的大漏斗相吻合。近些年随着区县、乡镇经济的发展，出现了武清区、西青区、津南区、静海区、宁河区等新的沉降发育中心，发展速度比当年老沉降区还快。河北平原区地面沉降主要形成于20世纪80年代，随着地下水水位的下降和地下水水位降落漏斗的形成，河北平原逐渐形成了沧州、保定、衡水、任丘、南宫、霸州、大城、曲周、南堡和唐海等9个主要地面沉降区。截止到1998年，河北平原地面沉降大于200 mm的面积达48 550 km²。沧州地面沉降累计已达2 250 mm，由于基底断块差异升降，出现了20多条地裂缝，最长达4 km。山东德州市地面沉降影响面积已达2 037.5 km²，累计沉降量150~387 mm，沉降中心为300~387 mm。从20世纪70年代末到现在，年均沉降量25~32.25 mm。济宁市自1989年至今已累计沉降208.9 mm，沉降量大于60 mm的面积已近90 km²，中心最大沉降速率每年达48.8 mm。北京地区由于第四系沉积物相对致密，地面沉降及其危害轻于天津和河北平原地区。但是，由于高层建筑和其他重大工程对地面变形的要求很高，其潜在威胁不容忽视。

1.2.3 汾渭地堑

汾渭地堑沿陕西渭河、山西六大盆地斜列展布，是我国构造强烈活动区，基底构造差异升降大。地下水的开采，不仅引发了地面沉降，而且形成了多条顺构造线展布的地裂缝，逐渐形成了西安、大同、太原三个严重地面沉降及地裂缝区。其中：西安地面沉降累计达2.6 m，出现了13条地裂缝，总长约72 km；太原地面沉降累计大于3 m，近年来地裂缝灾害有加剧趋势，长度已达15 km；大同、榆次、临汾、运城等盆地已出现地面沉降和多条地裂缝。

西安地面沉降与地裂缝自20世纪60年代初被发现至今已有近60年的历史。截止到1996年，西安地面沉降累计沉降量超过100 mm的面积已达150 km²，波及范围达200 km²，最大沉降速率300 mm/a，并形成了7个沉降中心，累计沉降量均超过2 000 mm，最大累计沉降量达2 600 mm。西安地裂缝目前分布在155 km²的范围内，与地面沉降范围基本一致，已发现的地裂缝带有13条，出露总长度约72 km，延伸103 km，总体走向NEE70°~80°，各地裂缝带间呈1~1.5 km等间距排列，最大垂直活动速率超过 50 mm/a，总体活动速率为 5~35 mm/a。

山西太原市沉降范围 SN 长约 40 km，EW 宽约 15 km，形成多个沉降中心。目前，该沉降区正在向东部的高新技术开发区发展。1980 年太原市盆地内沉降量大于 100 mm 的面积为 108 km²，沉降中心吴家堡一带，累计沉降量达 819 mm。1990 年吴家堡累计沉降量达 2 600 mm。10 年间下沉了 1 781 mm，年平均下降 178.1 mm。2002 年累计沉降量为 3 700 mm。太原市地裂缝分布在清徐县上固驿—平泉—武家坡—大运高速公路清徐段南侧，长度约 1.5 km，影响带宽度约 200 m，基本贯穿清徐县西部边山全境。

山西大同市地面沉降出现于 20 世纪 70 年代末，沉降中心累计地面沉降量一般为 40~50 mm，最大累计沉降量达 124 mm，平均沉降速度 8~10 mm/a。大同地面沉降与地下水降落漏斗在时空分布上有较好的对应关系。大同市地裂缝 1983 年刚发现时长不到 5 km；其后日益加剧，1990 年已形成长 10.5 km 的地裂缝带；1994 年发展到 24 km；截止到 2002 年已发展成 10 条，总长度达 34.5 km 的地裂缝带。

2 地面沉降成因和机理分析

2.1 地面沉降成因分析

地面沉降的成因非常复杂，其影响因素可归纳为两大类：一是自然地质因素，包括区域的构造活动、海平面上升、地震活动以及土体的自然固结压密等因素，都会导致地面产生沉降；二是人为因素，包括开采地下水、地下热水、油气、地下工程施工以及地表各类荷载的施加等，也会引起地面沉降。地面沉降往往是多种因素综合作用的结果，而其中人为因素往往起着非常重要的作用。地质、岩性及结构特征是产生地面沉降的物质基础，而人为因素是产生地面沉降的直接诱因。

2.1.1 自然地质因素

1. 区域构造活动对地面沉降的影响

区域构造活动主要包括水平运动、垂直运动、地壳近期断陷下降运动以及滑坡、火山活动等。由区域构造活动引起的地面沉降，其运动速率较低，具有长时期的持续性，在某些构造活动活跃的地质构造单元中，沉降速率个别可达到几毫米每年。

我国东部沿海地区处于太平洋构造带，第四纪以来的构造活动非常强烈。华北平原和长江三角洲平原，都处于地壳持续下降区，构造活动引起的沉降增大了原有的地面沉降值。北京地区受区域构造活动的影响，表现为山区相对上升、平原区缓慢下降，因此沉积了较厚的第四纪地层。根据北京平原区大地水准测量资料分析，有的地区地面缓慢下沉，平均沉降速率可达 0.75 mm/a，并且有继续增加的趋势。天津地区处于华北地堑盆地的东北部，长期以来缓慢下降，沉积了巨厚的松散沉积物。多种资料反映天津市区构造活动造成的地面沉降的基本年速率应为 1.3~

2.0 mm/a。因此由于地质构造运动引起的地面沉降是不容忽视的。

2. 强烈地震对地面沉降的影响

地震造成的地应力的变化和震陷与砂土液化对地面沉降产生明显的影响。地应力的变化对地面沉降的影响可分为震前缓慢下降、临震阶段明显下降、震时大幅下降、震后明显回升四个阶段。根据王若柏等人的研究，1975 年的唐山大地震震前，天津市中心城区地面沉降在半年时间内增大 22 mm。震时阶段，宁河县局部地段地面沉降最大达 1 551 mm；汉沽局部地段达 530 mm。震后阶段，天津市塘沽年平均沉降量仅 12 mm。滨海地区软弱土层分布地段的地面沉降量达 100～294 mm。

1995 年日本神户由于地震的液化作用，对日本西部大阪海湾北部边缘造成了毁灭性的破坏，引起了海滨填筑大陆区和人工岛严重的地面沉降，同时许多码头断裂，甚至滑入海中，最大沉降达 4.7 m。

3. 海平面上升对地面沉降的影响

全球气候变暖、极地冰川融化、上层海水变热膨胀等，引起全球性的海平面上升。研究表明，最近 100 年来，全球海平面上升了 10～20 cm，并且还在加速上升。海平面上升会导致地面的相对下沉，而且海平面上升还会与地面沉降作用相互叠加。虽然短期内的叠加不会造成危害，但是由于其持续作用且周期较长，长期叠加作用下会形成新的环境效应和灾害，严重影响和制约着沿海地区经济的可持续发展。

4. 土体的自然固结压密对地面沉降的影响

地下水对土中易溶盐类的溶解，土壤中有机组分的氧化，地表松散沉积物中水分的蒸发等，都可能造成土体孔隙率或密度的变化，促进土层压缩，土体自重固结过程而引起地面下降。如果没有地面的负荷，土层在自重压力作用下造成的地面沉降不明显，但随着城乡工程建设的大量实施，地面负荷加大，更易产生地面沉降。

2.1.2　人为因素

人类的经济活动主要包括大面积超量开采地下水、石油天然气，开采地下固体矿产资源（金属矿、煤、盐岩等），建筑物的静、动荷载或地面堆载，开发地下空间，等等。人类经济活动因素是诱发地面沉降的重要因素。国内外地面沉降的实例表明，抽取地下流体活动是引起地面沉降的最普遍和最主要的原因。世界上广泛存在因超量开采地下水资源而引发的地面沉降现象。例如，美国80%的地面沉降是人类过量抽取地下水的结果，我国因过量抽取地下水而导致的地面沉降已遍及17个省市，总沉降面积达7万多平方千米。

1. 抽取地下流体引起的地面沉降

开采地下流体时，液压下降，使地层压密，这是导致地面沉降的最主要的原因。研究表明，地面沉降中心与地下水漏斗开采中心明显一致，地面沉降区与地下水集中开采区大致吻合。抽取地下流体引起的地面沉降包括以下几种典型情况。

1）持续性超量抽取地下水

在松散介质含水系统长期地、周期性地开采地下水，当开采量超过含水系统的补给资源限额时，将导致区域性的地下水位下降，压密含水砂层以及把含水砂层顶部和底部的饱和黏性土层中的孔隙水运到含水层，在渗流的动水压力和土层孔隙水排出所致的附加有效应力作用下，黏土层发生压密固结，从而最终导致了地面沉降。

地面沉降和地下水位、开采量监测资料表明，地面沉降速率大的位置与地下水位下降漏斗位置基本一致，地层压缩的层位、程度与地下水开采层位、开采量相对应。

2）开采石油

在某些埋藏较浅的半固结砂岩含油层中，抽取石油可引起砂岩孔隙液压的下降，未完全固结的砂岩在上覆岩层自重压力作用下继续固结，引起采油区地面下降。

3）开采水溶性气体

日本新隅由于开采水溶性天然气——甲烷而持续地大量抽水，导致开采区地下水位下降及含气层的压缩，产生了大幅度的地面沉降。

2. 固体矿产资源的开发

固体矿产资源主要包括煤、岩盐、金属矿产等。开采地下固体矿产资源，容易形成大面积采空区，在矿区会产生塌落或在地面形成沉降裂缝。

3. 荷载引起的沉降

当地面沉降处于微量沉降阶段时，应该考虑地表荷载、地下工程施工等对地面沉降的影响。地表荷载包括各种交通工具的动静荷载和地表工程建设等。

随着地表建筑物的不断增多，地面荷载急剧增大，从而导致地面沉降。建筑物越密集、越高层化，地面沉降越明显。地面沉降与新增建筑物的面积基本呈线性增长的关系，单个建筑物由于自身荷载引起的地基变形是局部的、有限的，历时时间较短，不足以造成危害，但是对于密集的高层建筑来说，地基底部所产生的附加应力是会叠加的，从而引起地基变形叠加，在一定地质条件下，使个别沉降向区域沉降转化，从而诱发区域性地面沉降。

地下工程主要指管道、隧道、防空洞、地下铁道等。地下工程以上地面的土层或岩层一般处于平衡的应力状态，在地下工程施工过程中，由于大量土石方的开挖及土石层间孔隙水的排出，打破了地层原有的应力状态，在围岩应力调整过程中，随着时间的推移出现变形、坍塌等现象，进而导致地面沉降。

2.2 地面沉降机理分析

目前国内外所研究的地面沉降，主要着重于因抽取地下水、油、气等所引起的区域性地面沉降。研究学者普遍认为，地壳运动引起的地面沉降有可能存在，但沉降速率较小，地面静、动荷载引起的地面沉降仅在局部地段内存在，而抽取地下流体，引起液压下降从而导致地面沉降是普遍和主要的原因。地面沉降形成的主要作用机理包括有效应力原理和水动力固结理论。

抽取地下流体，会引起液压下降，地层压密，而地层压缩是由于含水层水位下降，引起土层中孔隙水压力降低，颗粒间有效应力增加。因此有效应力原理是抽水引起土层压密的基本原理，如图 2.2-1 所示。

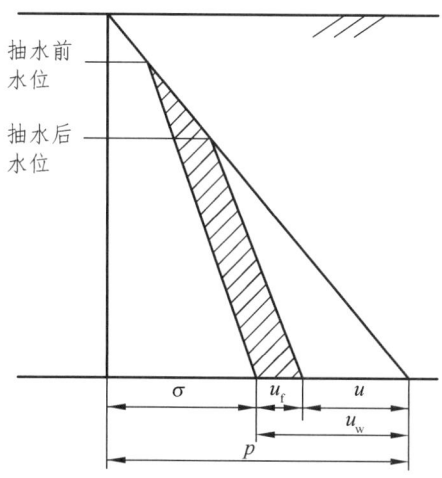

图 2.2-1　抽水前后土层中有效应力的变化

图中 p 为土层的总应力，σ 为抽水前的有效应力，u_w 为抽水前的孔隙水压力。根据有效应力原理，抽水前上述各力处于平衡状态，即

$$p = \sigma + u_w \qquad (2.2\text{-}1)$$

式中　p——土层的总应力；

　　　σ——抽水前的有效应力；

　　　u_w——抽水前的孔隙水压力。

抽水后水位下降了 u_f，土层中孔隙水压力随之下降，颗粒间浮托力减小，但由于抽水过程中土层的总应力基本保持不变，因此下降了的 u_f 转化成有效应力的增量。

$$p = (\sigma + u_f) + (u_w - u_f) \qquad (2.2\text{-}2)$$

式中　u_f——抽水后由于水位下降减少的孔隙水压力。

从式中可知，孔隙水压力减少了 u_f，而有效应力增加了 u_f，有效应力增加了，土层受到压缩，从而产生地面沉降。

在大多数情况下，这种压密可以认为是一维的。压密的时间延滞将随土层的透水性而异。此压密过程一般近似采用 Terzaghi 的经典固结方程表示，即

$$\frac{\partial u}{\partial t} = c_0 \frac{\partial^2 u}{\partial z^2} \qquad (2.2\text{-}3)$$

式中　c_0——固结系数；

　　　u——孔隙水压力；

　　　z——深度；

　　　t——时间。

由此可见，地面沉降是降水导致的可压缩层有效应力增加引起的。有效应力的增加，可以归结为两种作用过程：一是水位变化改变了土粒间的浮托力，水位下降使浮托力减少；二是由于水头压力的改变，土层中产生水头梯度，由此导致渗透压力的产生。

浮托力和渗透压力的变化导致可压缩层产生压密或膨胀。大多数情况下，压密和膨胀均属于一维变形，压密变形的时间延滞效应与可压缩层的透水性相关。一般来说，砂层的压缩变形是瞬间完成的，黏性土的压密变形时间较长。

2.3　地下水开采影响半径分析

2.3.1　地下水开采影响半径的影响因素分析

影响半径系指地下水开采时从井轴至降落漏斗边缘静止水位的距离，是比较重要的水文地质参数。下面以完全潜水井为例，说明影响半径的确定方法。

根据裘布依公式的假设，假定含水层是水平的、均质各向同性的；水流呈轴对称的径向流动；在距井轴一定距离 R 上，水位下降为零；水流运动符合达西定律。那么假定完全潜水井井底位置在水平不透水层上，其含水层厚度为 H，未抽水前地下水的天然水面为水平面 $A—A$。当从井中抽水，井中和四周附近地下水位降低，在含水层中形成了以井中垂直轴线对称的浸润漏斗面，如图 2.3-1 所示。

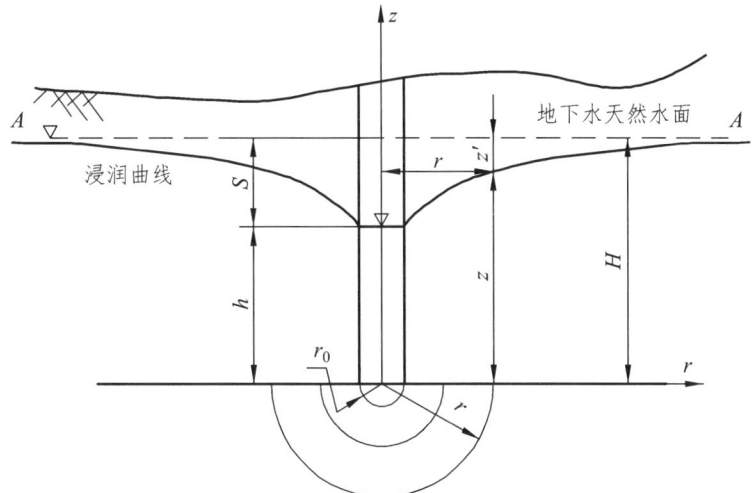

图 2.3-1　完全潜水井示意图

在离井中心 r 处渗流浸润面上的点的高度为 z，z' 为该点到天然水面的距离，而过水断面为一与井同心的圆柱面，其面积为 $w=2\pi rz$，又设其渗流为渐变渗流，则过水断面上各点的水力坡度皆为 $J=\mathrm{d}z/\mathrm{d}r$。

根据达西定律，过水断面上的各点渗流流速 u 都相等，因而断面平均流速 v 也等于渗流流速 u，故 $v=u=kJ$，k 为土体渗透系数。

经此渐变圆柱面的渗流量为

$$Q = wv = 2\pi rz \cdot k \frac{\mathrm{d}z}{\mathrm{d}r} \tag{2.3-1}$$

进而得到潜水井的浸润曲线方程为

$$z^2 - h^2 = \frac{Q}{\pi k} \ln\left(\frac{r}{r_0}\right) \tag{2.3-2}$$

式中　r_0——井的半径；

　　　h——井中水位。

对于井的影响半径 R，在浸润漏斗上，有半径 $r=R$ 的一个圆，在 R 范围内，浸润漏斗的下降 $H-z$ 趋于零，即天然地下水位不受影响，距离 R 即称为井的影响半径，则出水量 Q 为

$$Q = 1.366 \frac{k(H^2 - h^2)}{\lg\left(\dfrac{R}{r_0}\right)} \tag{2.3-3}$$

结合上述关系,最终获得浸润线的计算关系,即 z' 和 r 的关系:

$$z' = H - \sqrt{\frac{Q}{\pi k}\ln\left(\frac{r}{r_0}\right) + h^2} \qquad (2.3\text{-}4)$$

以下分析主要参数对浸润线的影响,采用的基本参数如表 2.3-1 所示。

表 2.3-1　浸润线分析的主要参数

序号	项目	符号	单位	范围
1	井半径	r_0	m	0.2～4.0
2	水位降深	S	m	1～10
3	渗透系数	k	cm/s	$10^{-5} \sim 10^{-3}$

1. 抽水井半径的影响

当土体渗透系数为 1×10^{-4} cm/s,对于不同水位降深和井半径条件下的浸润曲线如图 2.3-2～图 2.3-6 所示,其中井半径 r_0 分别为 0.2 m、1 m、2 m、3 m 和 4 m。从图中可知,井半径对浸润曲线的变化速率有一定影响,对影响半径无影响。对于相同的水位降深,浸润曲线起点和终点的高度是一致的,井半径 r_0 则改变了浸润曲线各点的 r 值,r_0 增大,相应 r 增大,随着 r_0 的增大,浸润曲线趋于缓和。

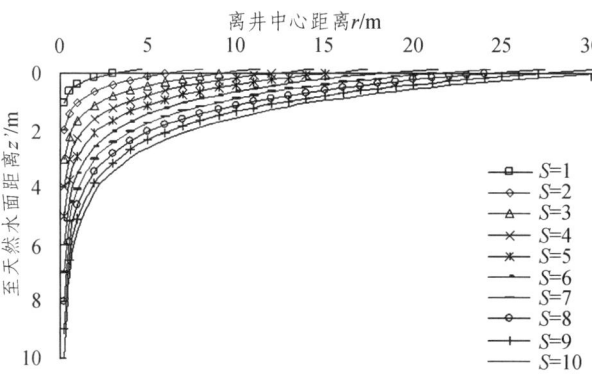

图 2.3-2　浸润曲线（r_0=0.2 m）

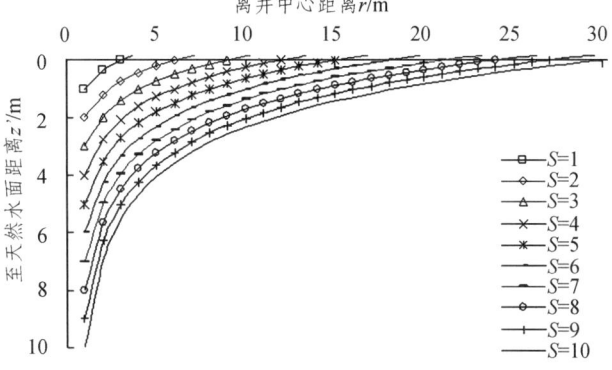

图 2.3-3　浸润曲线（$r_0=1.0$ m）

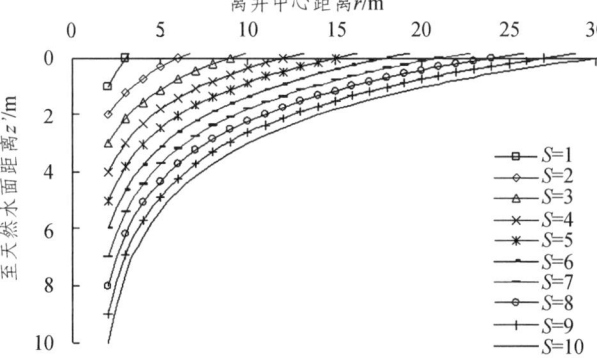

图 2.3-4　浸润曲线（$r_0=2.0$ m）

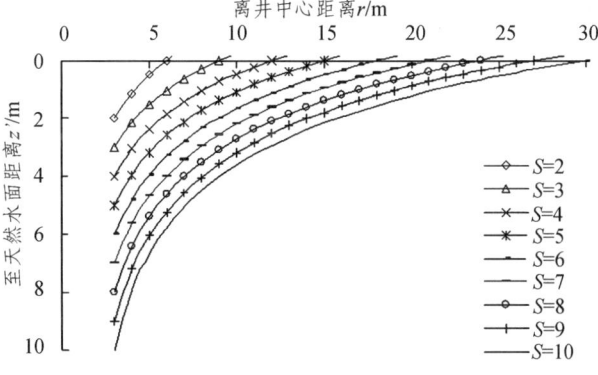

图 2.3-5　浸润曲线（$r_0=3.0$ m）

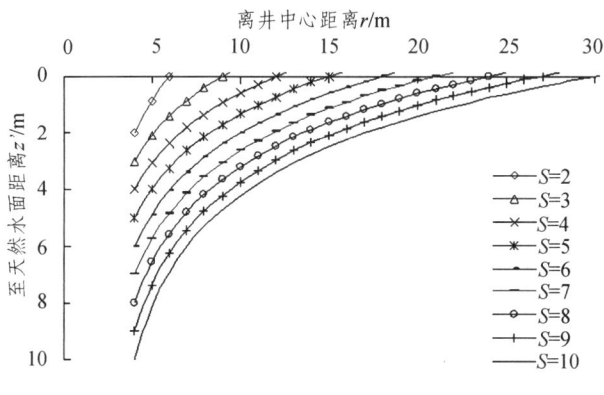

图 2.3-6　浸润曲线（r_0=4.0 m）

2. 渗透系数的影响

根据表 2.3-2 典型土体渗透系数的一般取值范围，当井半径 r_0 为 1 m 时，对于不同水位降深和土体渗透系数条件下的浸润曲线如图 2.3-7～图 2.3-11 所示，渗透系数分别为 1.0×10^{-3}、5.0×10^{-4}、1.0×10^{-4}、5.0×10^{-5} 和 1.0×10^{-5} cm/s。从图中可知，渗透系数对浸润曲线的影响较大，k 越大，浸润曲线越缓和。对于相同的水位降深，随着渗透系数 k 的增大，影响半径 R 逐渐增大。

表 2.3-2　典型土体渗透系数的范围

土　类	渗透系数 k/（m/s）	渗透系数 k/（cm/s）
黏　土	$<5\times10^{-9}$	$<5\times10^{-7}$
粉质黏土	$5\times10^{-9}\sim10^{-8}$	$5\times10^{-7}\sim10^{-6}$
粉　土	$5\times10^{-8}\sim10^{-6}$	$5\times10^{-6}\sim10^{-4}$
粉　砂	$10^{-6}\sim10^{-5}$	$10^{-4}\sim10^{-3}$
细　砂	$10^{-5}\sim5\times10^{-5}$	$10^{-3}\sim5\times10^{-3}$
中　砂	$5\times10^{-5}\sim2\times10^{-4}$	$5\times10^{-3}\sim2\times10^{-2}$

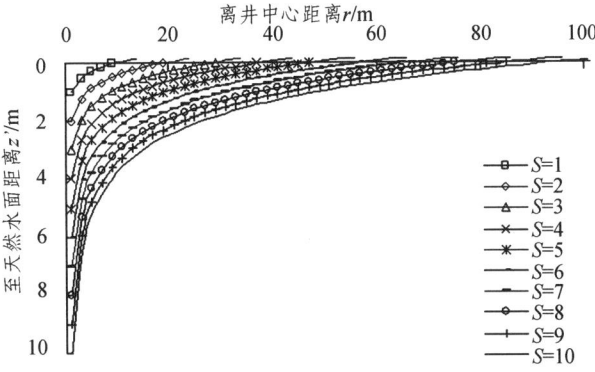

图 2.3-7　浸润曲线（$k=1.0\times10^{-3}$cm/s）

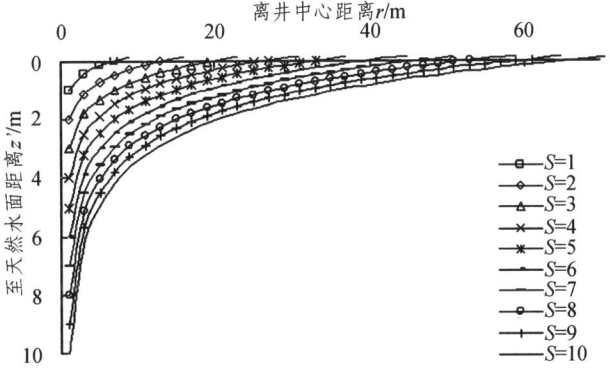

图 2.3-8　浸润曲线（$k=5.0\times10^{-4}$cm/s）

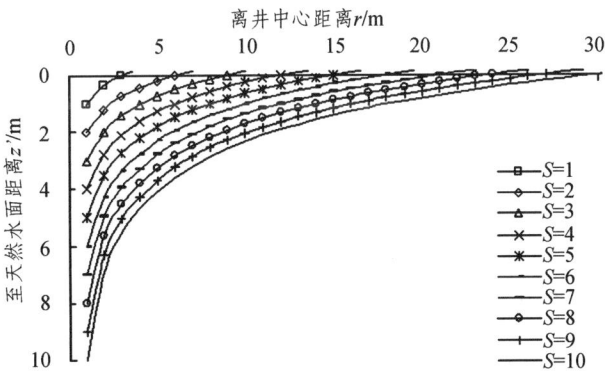

图 2.3-9　浸润曲线（$k=1.0\times10^{-4}$cm/s）

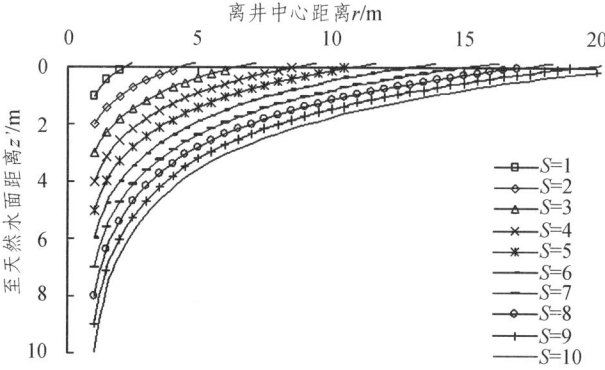

图 2.3-10　浸润曲线（$k=5.0\times10^{-5}$cm/s）

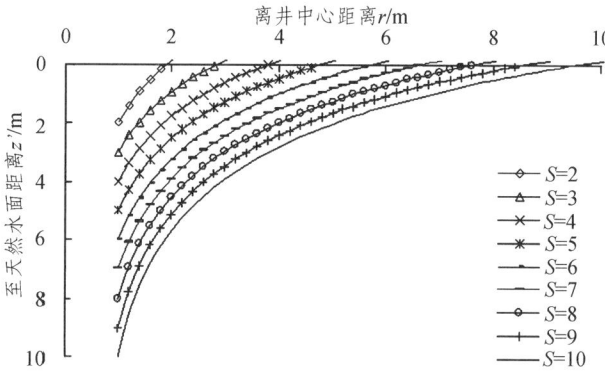

图 2.3-11　浸润曲线（$k=1.0\times10^{-5}$cm/s）

3. 水位降深的影响

水位降深对影响半径具有较大影响。对于土体不同渗透系数，影响半径随水位降深的变化如图 2.3-12 所示，影响半径随水位降深呈线性变化，对于同一水位降深 S，渗透系数越大，影响半径越大。渗透系数 k 从 1.0×10^{-5}cm/s 变化到 5.0×10^{-3}cm/s。当 $S=5$ m 时，影响半径从 4.7 m 增大至 106.1 m；当 $S=9$ m 时，影响半径从 8.5 m 增大至 190.9 m。

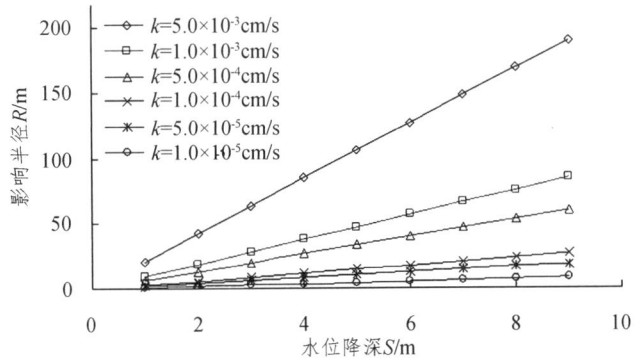

图 2.3-12 影响半径随水位降深的变化

2.3.2 地下水开采的影响半径分析

影响半径是从抽水井起至实际上观察不到水位降深的总的水平距离,也就是实际上可以观察出来的降落漏斗半径。

事实上裘布依公式假定的理想含水层极为罕见,在实际含水层抽水时,一般也很难找到降深为零的影响半径。

大多数情况下,由于含水层的不均匀性、补给边界条件的不同,在抽水井的四周并不形成一个圆形的影响半径,多为椭圆形或不规则的圆形;在无限大含水层中其半径也随抽水时间而扩大;当有侧向补给或垂向补给时,影响半径会随补给量的变化而变化。因此影响半径是一个变数。

从某种意义上讲,影响半径可以表示地下水对抽水井的一种补给能力的抽象值,综合反映了含水层对抽水井的补给能力,是含水层厚度、透水性能、相邻弱透水层和含水层的越流补给、边界形状和性质等一系列因素的综合反映。因此,也有人将影响半径称为补给半径或引用影响半径。

由此可见,影响半径是个极为复杂的概念,它的大小与抽水量、抽水方式、井的布设、水位降深等多种因素相关,同时与地层的渗透性、补给状况、含水层厚度等地层参数和水文地质参数相关。目前人们常说的影响距离是在某些特定情况下计算所得的影响半径,受到多种因素的影响。

在实际工作中，往往通过抽水试验得到的测试数据，应用经验公式估算或根据影响半径的经验值并结合当地情况来确定影响半径。

1. 经验公式估算影响半径

1）潜水开采井影响半径

对于以开采潜水为主的开采井来说，根据潜水影响半径经验公式（2.3-5）可以估算潜水井抽水的影响半径。

$$R = 2S_w \sqrt{KH} \tag{2.3-5}$$

式中　K——含水层渗透系数（m/d）；
　　　S_w——抽水井中水位降深（m）；
　　　R——影响半径（m）；
　　　H——潜水含水层厚度（m）。

假定抽水井水位降深在 5 m 左右，对于渗透系数为 1~15 m/d 的砂土而言，估算的影响半径一般为 100~200 m。

2）承压水开采井影响半径

对于承压水开采井而言，根据承压水影响半径经验公式（2.3-6）可以估算承压井抽水的影响半径。

$$R = 10S_w \sqrt{K} \tag{2.3-6}$$

式中　K——含水层渗透系数（m/d）；
　　　S_w——抽水井中水位降深（m）；
　　　R——影响半径（m）。

对于含水层为砂土的承压井，假定单孔承压井的出水量为 2 500 m³/d 左右，估算的影响半径约为 500 m；假定群井的出水量为 7 000 m³/d 左右，估算的影响半径约为 900 m。

2. 影响半径经验值

（1）根据单位出水量确定的影响半径经验值，见表 2.3-3。

表 2.3-3　单位出水量确定影响半径经验值

单位出水量 $q = \dfrac{Q}{S_w}$		影响半径/m
$(m^3/h)/m$	$(l/s)/m$	
>7.2	>2.0	300~500
7.2~3.6	2.0~1.0	100~300
3.6~1.8	1.0~0.5	50~100
1.8~1.2	0.5~0.33	25~50
1.2~0.7	0.33~0.2	10~25
<0.7	<0.2	<10

（2）根据单位水位下降确定影响半径经验值，见表 2.3-4。

表 2.3-4　单位水位下降确定影响半径经验值

单位水位下降 $= \dfrac{S_w}{Q} / \left(\dfrac{m}{l/s}\right)$	影响半径/m
≤0.5	300~500
1.0~0.5	100~300
2.0~1.0	50~100
3.0~2.0	25~50
5.0~3.0	10~25
≥5.0	<10

（3）根据颗粒直径确定影响半径经验值，见表 2.3-5。

表 2.3-5　颗粒直径确定影响半径经验值

土的名称	主要颗粒粒径/mm	影响半径/m
粉　砂	0.05~0.1	25~50
细　砂	0.1~0.25	50~100
中　砂	0.25~0.5	100~300
粗　砂	0.5~1	300~400
砾　砂	1~2	400~500
细圆砾	2~3	500~600
	3~5	600~1 500
	5~10	1 500~3 000

3 InSAR 技术监测地面沉降试验研究

地面沉降是一种缓变型的地质灾害,其发生发展的过程往往不易被察觉,而地面沉降监测能随时观测地面沉降的变化。地面沉降监测技术主要有水准测量、GPS、InSAR 等监测手段。其中,InSAR 监测可以快速识别大面积的地表沉降特征,具有周期短、精度高、成本低、空间分辨率高等特点,逐渐在不同领域得到不同程度的应用。

3.1 InSAR 监测地面沉降的基本原理与方法

3.1.1 InSAR 基本原理

InSAR(Interferometric Synthetic Aperture Radar),即合成孔径雷达干涉测量,是一种微波遥感测量技术,其基本原理是利用合成孔径雷达(SAR)两次观测中所获得的复数据中含有的相位差与空间距离差之间的关系,进行干涉测量,来提取地表的三维信息和地表高程变化信息。D-InSAR(Differential InSAR),即差分合成孔径雷达干涉测量,是在 InSAR 基础上发展起来的,对干涉相位进行差分处理,来提取地表微小形变信息的干涉测量手段,其精度可达到厘米级甚至毫米级。D-InSAR 技术能够获取大面积、高精度的地表变化信息,其测量的结果整体上是连续的,不存在总体累积误差,且易于进行数据处理,因此被认为是大面积地表形变连续监测的有效工具。

InSAR 技术已被广泛用于大区域地形测图和地表信息提取。常见的 InSAR 方式有顺轨(Along Track)、交轨(Across Track)和重复轨(Repeat Track)。由于地表形变监测是测量一定时间间隔内的地表形变量,因而重复轨是目前应用的主要方式,具体是指利用同一地区不同时刻获取的 SAR 数据进行差分干涉处理以提取地表形变信息。

图 3.1-1 所示为重复轨干涉测量的几何原理图。图中 O_1 和 O_2 分别为两次获取 SAR 信号的天线位置，B 为两天线间空间距离，称为空间基线。

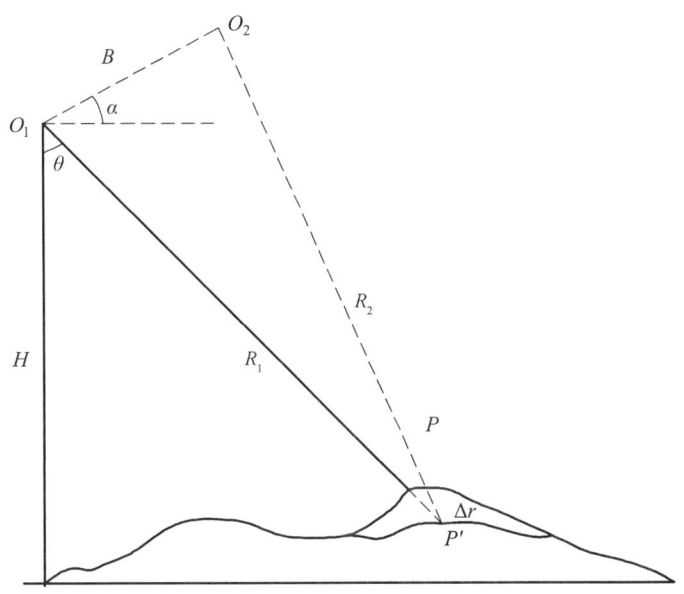

图 3.1-1　重复轨 D-InSAR 几何原理

设基线与水平方向的夹角为 α，H 为平台高度，地面点 P 到两天线间的距离分别为 R_1 和 R_2，θ 为第一副天线的侧视角，P 点高程为 h。将基线沿雷达视线向分解，垂直于视线向分量为 $B_\perp$，称为垂直基线。雷达对地物观测时，接收到地物的后向散射回波信号可以表示为

$$s(x) = A(x)\mathrm{e}^{i\phi(x)} \tag{3.1-1}$$

两次观测所获取的 SAR 影像分别称为主影像（Master）和辅影像（Slave），接收到 P 点的雷达信号分别为

$$s_1(R_1) = A(R_1)\mathrm{e}^{i\phi(R_1)}$$
$$s_2(R_2) = A(R_2)\mathrm{e}^{i\phi(R_2)} \tag{3.1-2}$$

雷达后向散射回波信号中的相位信息包含两部分信息，一部分是与往返路径相关的相位，另一部分是目标后向散射相位，可以表示为

$$\phi = -\frac{4\pi}{\lambda}R + \phi_{\mathrm{scatt}} \tag{3.1-3}$$

两次获取的相位分别为

$$\phi_1 = -\frac{4\pi}{\lambda}R + \phi_{\text{scatt},1} \quad (3.1\text{-}4)$$

$$\phi_2 = -\frac{4\pi}{\lambda}(R + \Delta R) + \phi_{\text{scatt},2} \quad (3.1\text{-}5)$$

ΔR 为路程差，与雷达和目标的距离相关。若两次雷达获取的相位中的散射相位保持稳定，即

$$\phi_{\text{scatt},1} = \phi_{\text{scatt},2} \quad (3.1\text{-}6)$$

则经过共轭相乘处理后得到的干涉相位为

$$\phi_{\text{int}} = \phi_1 - \phi_2 = \frac{4\pi}{\lambda}\Delta R \quad (3.1\text{-}7)$$

干涉相位 ϕ_{int} 的贡献值（Contributions）由以下因素构成：① 平地相位 $\delta\phi_{\text{flat}}$；② 地形相位 $\delta\phi_{\text{topo}}$；③ 两次观测期间观测目标沿雷达视线向（LOS）移动引起的相位变化 $\delta\phi_{\text{mov}}$；④ 电磁波传输过程中大气波动引起的相位延迟 $\delta\phi_{\text{atm}}$；⑤ 其他噪声相位 $\delta\phi_{\text{noise}}$。干涉相位可以表示为

$$\phi_{\text{int}} = \delta\phi_{\text{flat}} + \delta\phi_{\text{topo}} + \delta\phi_{\text{mov}} + \delta\phi_{\text{atm}} + \delta\phi_{\text{noise}} \quad (3.1\text{-}8)$$

1. 平地相位

如图 3.1-2 所示，地面点 P 和 P' 高程相同，斜距不同，视角稍有变化，为 $\theta + \Delta\theta_r$，则 P' 点的干涉相位为

$$\phi' = -\frac{4\pi}{\lambda}B\sin(\theta + \Delta\theta_r - \alpha) \quad (3.1\text{-}9)$$

这两点在干涉纹图上的相位差为

$$\delta\phi_{\text{flat}} = \phi' - \phi = -\frac{4\pi}{\lambda}[B\sin a(\theta + \Delta\theta_r - \alpha) - B\sin(\theta - \alpha)]$$

$$= -\frac{4\pi}{\lambda}B\cos(\theta - \alpha)\Delta\theta_r \quad (3.1\text{-}10)$$

由于 $\quad R\Delta\theta_r \approx R\sin\Delta\theta_r = \Delta R / \tan\theta \quad (3.1\text{-}11)$

则平地相位可表示为

$$\delta\phi_{\text{flat}} = -\frac{4\pi}{\lambda}\frac{B\cos(\theta-\alpha)\Delta R}{R\tan\theta} = -\frac{4\pi B_{\perp}\Delta R}{\lambda R\tan\theta} \quad (3.1\text{-}12)$$

从上式可以看出，高程相同的平坦地表也会产生线性变化的干涉相位，称这种现象为平地效应。由于平地相位的存在，在距离上会造成干涉条纹过密，影响相位解缠。在相位解缠之前，需要进行平地相位去除（Flat Earth Removal），降低相位梯度，增加相位解缠的准确性。

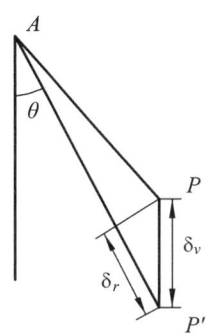
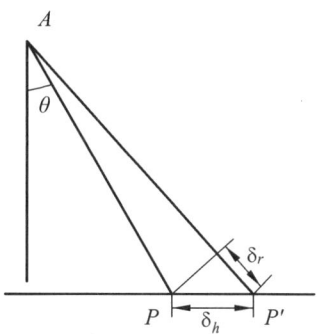

图 3.1-2　垂直向形变量　　　图 3.1-3　水平向形变量

2. 地形相位

如图 3.1-3 所示，P 点和 P' 点的斜距相同，高程不同，高差为 Δh，视角变化量为 $\Delta\theta_h$，则 P' 点的干涉相位为

$$\phi' = -\frac{4\pi}{\lambda}B\sin(\theta+\Delta\theta_h-\alpha) \quad (3.1\text{-}13)$$

此两点在干涉纹图上的干涉相位差为

$$\delta\phi_{\text{topo}} = \phi'-\phi = -\frac{4\pi}{\lambda}[B\sin a(\theta+\Delta\theta_h-\alpha) - B\sin(\theta-\alpha)] \quad (3.1\text{-}14)$$

由于　　$R\Delta\theta_h \approx R\sin\Delta\theta_h = \Delta h/\sin\theta$ 　　　　　　　（3.1-15）

则地形相位可表示为

$$\delta\phi_{\text{topo}} = -\frac{4\pi}{\lambda}\frac{B\cos(\theta-\alpha)\Delta h}{R\sin\theta} = -\frac{4\pi B_{\perp}\Delta h}{\lambda R\sin\theta} \quad (3.1\text{-}16)$$

3. 地表形变相位

地面沉降和地面水平移动是地表形变的主要形式。雷达观测获取的相位差反映的是沿雷达视线向（LOS）的形变量。要获取反映实际地表形

变值，必须明确地表形变和雷达视线向形变量间的几何关系。由于雷达是斜距成像，两次观测得到的干涉相位反映的是同一目标沿雷达视线向的移动增量。如图 3.1-2 和 3.1-3 所示，可得点 P 沿视线向形变量 δr 为

$$\delta r = -\frac{\lambda}{4\pi}\delta\phi_{\text{mov}} \tag{3.1-17}$$

如图 3.1-2，点 P 沿垂直向移动到 P' 点，沉降值为 δv：

$$\delta v = \delta r / (\mathrm{d}R/\mathrm{d}v)$$

即
$$\delta v = -\lambda\delta\phi_{\text{mov}} / (4\pi\cos\theta) \tag{3.1-18}$$

如图 3.1-3，点 P 沿距离向发生水平向位移，假设移动到 P' 点，则移动值为 δh：

$$\delta h = -\lambda\delta\phi_{\text{mov}} / (4\pi\sin\theta) \tag{3.1-19}$$

从以上分析表明：地表沉陷引起的相位变化是负值，而地表上升对应相位为正值；沿雷达距离向的水平移动对应的相位变化也为负值，表明沿雷达距离向水平移动对应相位为负值，逆向运动引起的水平移动对应相位为正值。因此，在进行相位和移动量转换时，必须明确形变增量和雷达向形变相位之间的关系。

实际上，上述水平向移动量是沿雷达距离向的，对于地表水平形变监测，必须分析观测目标移动方向与雷达距离向的关系，进行近似关系转换，才可近似求得水平向移动量。

4. 其他相位分量

选择合适的干涉像对，大气波动 $\delta\phi_{\text{atm}}$、热噪声 $\delta\phi_{\text{noise}}$ 引起的相位变化对干涉测量和差分干涉测量的影响会尽量得到减小。在数据处理中利用实际观测的气象数据修正大气延迟对相位的影响，通过设计一定的滤波器来抑制热噪声引起的相位误差；利用精密轨道参数修正基线值，提高基线的准确性，降低其对处理结果的影响。

3.1.2 地面沉降 D-InSAR 监测

根据式（3.1-8），要得到反映地形信息的干涉相位 $\delta\phi_{\text{topo}}$，应当首先从干涉相位和消除平地相位中的影响，其次从中减去其他各项得到地形

相位，再进行相位解缠和相位到高程的转换，将生成的高程信息转换到特定的坐标系统下，生成 DEM 数据。由于地形形变相位、热噪声相位、大气波动相位以及轨道偏差引起的相位波动，可以通过合理的处理方法来消除或者降低。对于 ERS-1/2，其特殊的"串行模式"（Tandem Mode）SAR 数据是生成 DEM 的最佳选择。因而，利用 InSAR 获取 DEM 的数据处理流程可以分为以下步骤（图 3.1-4），分述如下。

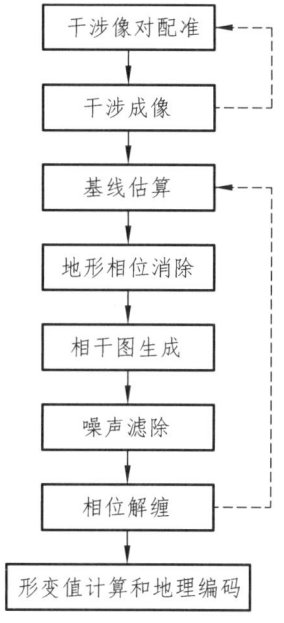

图 3.1-4　InSAR 数据处理流程

1. 干涉像对配准

在进行 SAR 干涉测量时，SAR 图像必须精配准，从而保证干涉条纹具有良好的相干性。由于两幅图像的数据几乎来自空间的同一位置（星载 SAR 复数据，基线长度与天线到地表距离相比很小），两幅图像的相干像元主要的不同在于存在一定的偏移、小范围的拉伸及方位向轻微的旋转。图像配准一般经过粗配准，像元级配准、子像元级配准。影像配准的方法有基于卫星轨道参数的复图像对配准和利用 x、y 方向偏移量为变量，以相关系数作为匹配质量评价指标来进行粗匹配和精匹配。经过配准以后的影像对进行复共轭相乘就可以得到干涉纹图。

2. 地形相位消除

由干涉相位分析可以发现,要解算反映地形的地形相位,必须消除平地效应和地形的影响。平地效应消除的方法有:① 基于轨道参数和成像区域中心点的大地经纬度计算平地效应;② 根据图像能量计算平地效应;③ 通过测量距离向和方位向的占优势的干涉条纹频率来计算平地相位,然后消除平地效应。此后,根据已有 DEM 数据,结合卫星参数模拟地形相位,从干涉相位中减去该相位分量,由此得到差分相位图。

3. 相干图生成

相干系数反映了相干性的高低,是指导相位解缠的一个重要指标。类似于幅度影像的相关系数经常用于影像匹配的测度,复影像之间用相干系数来衡量相似程度和干涉纹图的质量。相干性测度可以看作实数影像之间相关系数在复数域的推广。设 s_1 和 s_2 为零均值的复高斯随机变量,相干性的测度定义为

$$\gamma = \frac{|E[s_1 s_2^*]|}{\sqrt{E[|s_1|^2]E[|s_2|^2]}} \tag{3.1-20}$$

相干系数与信噪比(SNR)之间的关系为

$$\gamma = \frac{SNR}{1-SNR} \tag{3.1-21}$$

即信噪比越高,相干系数越大。实际计算中,同样假设在 $N*M$ 的估值区域内随机过程是平稳历经的,用样本的平均值来估计相干系数的大小:

$$\hat{\gamma} = \frac{|\sum_{m=0}^{M}\sum_{n=0}^{N} s_1(m,n) \cdot s_2(m,n) \cdot \mathrm{e}^{-j\phi(m,n)}|}{\sqrt{\sum_{m=0}^{M}\sum_{n=0}^{N}|s_1(m,n)|^2 \sum_{m=0}^{M}\sum_{n=0}^{N}|s_2(m,n)|^2}} \tag{3.1-22}$$

经过对应像元的相干性估算,得到了反映相干系数的相干图。

4. 噪声滤除

选择合理的滤波器来消除因大气波动和造成引起的相位变化。

5. 相位解缠

主要是将干涉相位进行解缠,得到能反映地形变化的地形相位。

6. 形变值计算和地理编码

利用解缠相位和干涉测量的几何参数,进行差分相位到形变量的转换,将转换后形变量结果转换到特定坐标系下,生成形变图。

3.2 InSAR 数据分析整理方法

3.2.1 工作方法

针对拟监测工作区的沉降调查和监测的工作重点,为查明工作区地面沉降的历史演变趋势,摸清当前地面沉降的特点和范围,采用多时相、多基线序列差分干涉纹图技术获取不同时间间隔条件下的地面沉降信息。以下为主要的 InSAR 数据分析整理工作方法。

1. 基础数据资料获取

获取工作区多源数据资料,包括地面沉降实测数据和地下水位监测数据、工作区高空间分辨率卫星数据、工作区 DEM 和大气状态资料,用于辅助 InSAR 数据处理和地面沉降信息提取、改进及精度的改善。

2. 工作区 SAR 数据获取

获取拟监测工作区不同年度的 ENVISAT ASAR 传感器获取的 SAR 数据,其有效工作波段是 C 波段,数据获取周期为 35 天。

3. 数据处理和分析

数据处理和分析是干涉雷达调查和监测地面沉降工作的重要工作环节,包括最优干涉数据选择、干涉像对的基线估算、平地效应消除、相干性分析、大气效应分析、数据配准、离散点相位解缠等。以专业 InSAR 数据处理软件及合适的 GIS 平台为核心,结合针对区域环境特点及关键环节数据处理和分析技术的研究与开发来构建。

4. 地面沉降信息提取

主要采用"基于序列差分干涉纹图提取地面沉降速率"和"基于相干点目标的长时间序列 InSAR 地表形变信息"处理技术，结合若干实地观测结果获取不同时间间隔的地面沉降速率图。

3.2.2 InSAR 数据处理和地面沉降信息提取及其与水准监测结果对比

1. InSAR 数据处理和地面沉降信息提取

InSAR 数据处理包括：① 预处理；② 干涉纹图生成；③ 差分干涉处理及地面沉降信息提取；④ 地面沉降信息制图。

对每个图幅进行上述处理后，得到每个图幅地面沉降信息（年度沉降速率），根据拟监测工作区状况，提取拟监测工作区一定范围内的地面沉降信息，生成地面沉降速率图。在此基础上提取线路经过地区地面沉降速率剖面图，以便反映拟监测工作区地区地面沉降结果。

2. InSAR 监测结果与水准监测结果对比

为验证 InSAR 测量结果的准确性，葛大庆等人分别进行了区域性验证和局部性检验。

区域性验证以天津地区 2004 年水准观测为参考数据，将同期 InSAR 结果与其进行比较，分别采用克里金和邻近法插值提取水准点位对应的 InSAR 速率结果，所得到的检验精度均小于 ±5 mm。

局部性检验以北京地区沉降中心的部分水准点位为参考，进行测量结果比较。获取了北京水文地质工程地质大队提供的 2007 年度沉降中心附近的 6 个水准点（二等水准测量），利用邻近点比较的方法，提取了水准点对应位置 100 m 范围内的 InSAR 结果进行比较，得到的互差如表 3.2-1 所示，其中最大互差 7.465 mm，最小互差 0.265 mm。若以水准测量为真值，得到 InSAR 测量的中误差为 ±4.596 mm。

表 3.2-1　最邻近点沉降值

d_{InSAR}/mm	d_{Leveling}/mm	d/mm
−31.248	−27.49	−3.758
−56.045	−48.58	−7.465
−59.990	−59.735	−0.265
−56.912	−51.52	−5.392
−32.117	−33.74	1.623
−39.881	−41.89	2.009

上述比较的前提是以水准测量结果作为真值。实际上 InSAR 测量与水准测量属于两种测量系统，从测量本质上不具备"点-点"直接比较的可能，因而利用了邻近点提取相干目标的沉降速率。以上检验充分说明，InSAR 测量结果整体上是可靠、准确的。InSAR 测量技术所具有的覆盖范围广、监测点密度高、快捷方便等优点有利于该技术在工程实践中的应用。

4 地面沉降的勘察

地面沉降勘察不同于一般的铁路工程勘察，因为引起地面沉降的地层埋深达数百米，勘察难度和工作量巨大，并且勘察周期也较长，所以地面沉降的勘察多以收集区域工程地质、水文地质资料为主。当收集的地质资料不能满足分析评价要求时，可以针对地面沉降发生、发展的特点，进行专项地质勘察工作。

地面沉降勘察一般包括地面沉降原因调查、地面沉降的观测、地面沉降历史调查、地面沉降的勘探与测试、地面沉降现状分析、地面沉降预测以及地面沉降的评价等。

1. 地面沉降勘察的主要内容

地面沉降勘察的目的是查明地面沉降的现状及成因，预测发生地面沉降的可能性，提出预防和控制地面沉降的措施建议。地面沉降勘察的主要内容根据产生地面沉降的不同情况而有所不同，详见表 4.0-1。

表 4.0-1 地面沉降勘察的主要内容

地面沉降情况	勘察的主要内容
已发生地面沉降的地区	1. 查明工程地质水文地质条件、地下水动态和建筑物变形特征； 2. 查明地面沉降的原因、历史和现状； 3. 预测地面沉降的发展趋势； 4. 提出工程措施建议以及控制整治方案
可能发生地面沉降的地区	1. 结合水资源评价和地质条件预测发生地面沉降的可能性； 2. 对可能的沉降层位做出估计； 3. 对可能的沉降量进行估算； 4. 提出工程措施建议，预防和控制地面沉降

2. 地面沉降原因调查

1) 场地工程地质条件

调查分析场地的沉积环境和年代，划分地貌单元，详细调查第四纪冲积、湖积、浅海相沉积的平原或盆地，以及古河道、洼地、河间地块等微地貌情况，区别各种不同因素造成的地面沉降现象；分析地面沉降的地质环境模式，不同地质环境模式的地面沉降具有不同的规律和特点，在研究方法和预测模型方面也有所不同，我国地面沉降的地质环境模式详见表 4.0-2。

表 4.0-2 地面沉降的地质环境模式

模式	地层构成	地区举例
冲积平原	河床沉积土——以上粗下细的粗粒土为主	黄淮海平原
	泛原沉积土——以细粒土为主的多层交互沉积结构	长江下游平原
	土层的厚度一般与河床最大深度及各旋回中的沉积韵律有关	松花江中下游平原
三角洲平原	海陆交互相沉积，具有多个含水系统，并被较厚的黏性土层交错间隔	长江三角洲 海河三角洲
断陷盆地	冲积、洪积、湖积以及海相沉积物组成的粗、细粒土交错沉积层，其厚度及粒度受构造沉降速度、沉积韵律等因素控制	近海式——台北盆地、宁波盆地 内陆式——汾渭盆地

查明第四纪松散堆积物的岩性、厚度和埋藏条件。特别是不同特征地层（硬土层、软弱压缩层等）的分布，根据不同地层的空间组合，在平面上划分出不同的地面沉降地质结构单元。

调查地面沉降发生、发展范围内的主要可压缩层和含水层的变形特征。在地下水位升降频繁、幅度较大的地区，查明土层的压缩与回弹特性。

2) 场地水文地质条件

调查第四纪含水层的水文地质特征，含水层的岩性、颗粒组成、渗透性、水温、矿化度等。

调查地下水的埋藏深度和承压性，查明各含水层之间或与地表水之间的水力联系。

查明地下水在天然条件下的补给、径流、排泄条件以及各含水层、隔水层的水文地质参数。调查了解黏土隔水层的越流和释水的可能性。

3）地下水变化动态

调查历年来地下水的采灌量和实际开采的含水层、段，地下开采水井的数量、分布、开采量、水位变化、开采历史、开采规划等资料。调查分析抽取地下水时侧向补给的可能和数量，估算侧向补给在总取水量中的比例。

调查历年来地下水位、各含水层承压水头的变化幅度和速率。

调查地下水位下降漏斗的形成和发展过程，有可能时调查灌水时地下水反漏斗的形成和动态变化特征。

4）建筑物变形情况

调查地面沉降对既有建筑物的影响，分析受影响建筑物的变形特征。

3. 地面沉降观测

地面沉降的观测分为地面沉降长期观测、地下水动态观测和对建筑物影响监测三部分内容。

1）地面沉降长期观测

沉降观测标的布设：按不同的地面沉降结构单元体设置高程基准标、地面沉降标和分层沉降标。

高程基准标（基岩标）一般布设在不受抽汲地下水影响的地层上（基岩），是用来衡量地面沉降基准的标点。

地面沉降标布设在发生地面沉降区域的地面上，是用来观测地面沉降的地面水准点。

分层沉降标一般布设在地面沉降相对严重、地下水开采相对集中地区，是主要用来观测某一特定土层沉降幅度的标点。

沉降观测标的测量：对沉降观测标应进行精密水准测量，观测方法和要求一般应按国家《水准测量规范》（GB/T 12897）中Ⅰ、Ⅱ等水准测量的规定进行。

随着科技的发展，特别是空间测量技术的进步，逐渐发展出了 GPS、InSAR 等监测手段，具有观测周期短、精度高、成本低、空间分辨率高等特点。

2）地下水动态观测

根据地面沉降地区各含水组的特点，选择地下水位动态观测井，制订地下水动态观测方案。主要观测地下水位的变化，地下水开采量和回灌量，地下水化学成分和污染情况，孔隙水压力的消散和增长情况。

3）对既有建筑物影响监测

调查地面沉降对既有建筑物的影响，分析地面沉降对既有建筑物的影响程度，对可能受地面沉降影响建筑物的变形、倾斜、裂缝及发生时间和发展过程进行监测。

4. 地面沉降历史调查

地面沉降的发生、发展是一个缓慢、渐进的过程，为了了解某地区地面沉降发展历史，需调查该地区不同时期地面沉降的范围、面积、沉降量以及沉降速率等特征，分析地面沉降发展历史。

图 4.0-1 反映了某地地面沉降发生、发展的大致过程，可以看出该地区地面沉降的历史演变大致可分为 3 个大的阶段：

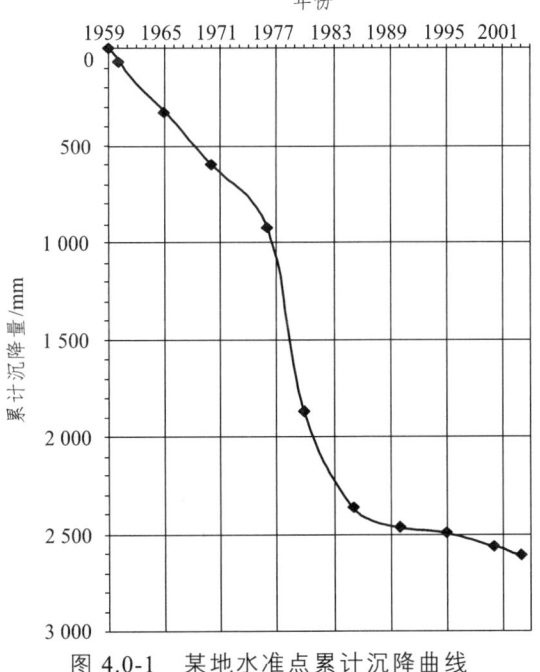

图 4.0-1 某地水准点累计沉降曲线

1923—1958 年为地面沉降的初期阶段。此时该地区地下水开采量最高达 1 200 万米^3/年，平均沉降速率为 10～20 毫米/年。

1959—1985 年为地面沉降发展阶段。地下水开采量最高达 1.2 亿米^3/年，最高沉降速率超过 100 毫米/年，市区形成多个不同大小的沉降中心。

1986 年至今，为地面沉降治理阶段。该阶段实施了大量压缩地下水开采量及其他控制沉降措施，市区开采量控制为 1 500 万～2 000 万米^3/年，地面沉降已控制在 10～15 毫米/年，可以说基本得到了控制。

5. 地面沉降的勘探与测试

地面沉降地区应以收集区域地质资料为主，必要时可采用钻探、物探和水文地质试验，制订详细的勘察方案，查明以下内容：地面沉降地区的沉积环境、地层层序、地层岩性、厚度、变形层位的分布、埋藏条件等；各含水层的埋藏深度和承压性，各含水层之间的或与地表水之间的水力联系；天然条件下的补给、径流、排泄条件及有关渗透性等参数；地下水位、特别是各含水层承压水头的变化幅度和速率等。

另外还应该通过勘探取样、室内试验，查明地面沉降地区各地层的物理力学性质，主要测试内容如下：

物理性质：颗分、含水量、容重、比重、孔隙比、液限、塑限、塑性指数、渗透试验等。

力学试验：常规固结试验、剪切试验、三轴压缩试验等。

特殊试验：0 至自重压力的反复加卸荷试验、次固结试验、高压固结试验、模拟水位反复加卸荷试验。

次固结试验：对不同深度、不同土性的样品，进行次固结试验，求得次固结系数。研究深层土在水位变化的长期作用下次固结变形的特征。

高压固结试验：对钻孔不同深度样品进行测试，土样应先加至自重压力后再逐级加荷，测定土层的前期固结压力，确定不同深度地层的固结状态，分析地层的应力历史。

模拟水位反复加卸荷试验：自土层自重压力起，反复加卸荷，卸荷量小于加荷量，模拟地下水位在反复升降中逐年下降；在一定压力条件下，反复加卸荷，卸荷量大于加荷量，模拟地下水位在反复升降中逐年上升；由土层自重压力起，在恒定压力条件下，反复加卸荷，模拟地下水位在一定变幅内反复升降。

6. 地面沉降现状分析

根据地面沉降的调查、观测以及勘探取样试验结果，对地面沉降的现状进行分析，主要内容如下：

绘制不同时间的地面沉降等值线图，分析地面沉降中心的变迁动态及其与地下水水位下降漏斗之间的关系，或者分析地面回弹与地下水水位反漏斗之间的关系。

分析地面沉降在不同时间、不同地点对应于地下水开采或回灌的不同情况下的变化规律。

绘制以地面沉降为主要特征的专门工程地质分区图，根据累计沉降量和年沉降速率进行综合地质条件分区。

7. 地面沉降预测

1) 预测地面沉降的前提条件

通过对区域地质资料的收集、调查、观测以及勘探测试工作，查明地面沉降区域的工程地质、水文地质条件，划分出场地的压缩层和含水层。

通过收集资料和室内外测试，取得抽水试验、渗透试验、前期固结试验、反复加卸荷试验等成果资料，并掌握地面沉降观测资料。

通过调查、访问和与相关部门沟通，掌握了地面沉降地区未来一定时间内的水资源的开采利用和补给规划。

2) 预测地面沉降的估算方法

估算地面沉降的方法主要有分层总和法、比单位变形量法、一元回归法、多元回归法以及数值计算法等。

分层总和法是将地基沉降计算深度内的土层按土质和应力变化情况划分为若干分层，分别计算各分层的压缩量，然后求其总和得出地基最终沉降量。它假定地基土为均匀的半无限空间弹性体，是估算地基最终沉降量的基本且常用的方法。

比单位变形量法假定土层变形量与水位升降幅度及土层厚度之间呈线性比例关系，根据预测期前 3~4 年或一定时间的实测资料，计算土层在某一特定时段（水位上升或下降）中，含水层水头每变化 1 m 时对应每单位地层的变形量，最后再根据已知预测期水位变化幅度和相应土层厚度的情况下，估算土层变形量。

一元回归法是在考虑预测对象（如地面沉降量）发展变化本质基础上，分析因变量（如总沉降量、沉降速率等）随一个自变量变化（如抽水量等）而变化的关联形态，借助回归分析建立它们因果关系的回归方程式，描述它们之间的平均变化数量关系，据此进行预测分析。

多元回归法是指在回归分析中，有两个或两个以上自变量的分析法。多元线性回归的基本原理和基本计算过程与一元线性回归基本相同。

数值计算法是在水文地质条件分析的基础上，对含水层结构、补径排条件、地下水流场和流动特征、地下水均衡项等进行深入分析和概化，建立水文地质概念模型，采用数值计算分析的方法对变形量等进行估算，如 MODFLOW 等软件。

8. 地面沉降评价

根据对地面沉降的调查、现状分析以及对地面沉降的预测等成果，应对地面沉降的发生发展状况以及对工程的影响等进行分析评价，地面沉降评价主要包括下列内容：地面沉降与地质环境的关系；地面沉降区域的岩性、厚度和埋藏条件，硬土层和软弱压缩层的分布，主要可压缩层和含水层的变形特征；第四纪含水层的水文地质特征，特别是地下水的埋藏深度和承压性，各含水层之间及地下水与地表水的水力联系；评价地面沉降的原因、现状以及危害程度，分析工程项目建设的适宜性、稳定性，提出针对性的工程措施建议和地面沉降防治措施；可能发生地面沉降的地区，应结合水资源开采评价发生地面沉降的可能性。

5 地面沉降对高速铁路的影响分析

5.1 地面沉降对高速铁路路基工程的影响

路基工程是铁路轨下基础工程的重要组成部分，是保证列车高速、安全、舒适运行系统的关键工程。根据《高速铁路设计规范》，路基主体工程设计使用年限为 100 年。主体工程一旦被破坏，维修难度高，对于运营的影响大，因此，必须高度重视地面沉降对路基工程的影响。

高平顺性、高稳定性的路基是确保轨道平稳、安全的前提条件。因此，路基必须严格控制工后沉降。根据经验，路基沉降量偏大或沉降速率过大，势必造成轨道养护维修工作量的增大，一条经常维修的线路是很难保证其安全性的。此外，要严格控制路基的不均匀沉降。根据已有研究成果，在 100 m 范围内的路基不均匀沉降过大，将直接造成幅值较大的轨道长波不平顺，影响列车安全运营。我国在高速铁路路基设计时，为满足列车高平顺性、高舒适性、高安全性的运营要求，通常会根据工程地质条件对地基进行强化处理。如强夯法、复合地基处理、袋装砂井+爆炸固结、排水板+等载预压、桩网结构、桩板结构等。其中，桩网结构是较典型的，也是我国高速铁路较多采用的一种地基处理方法。

5.1.1 地下水变化对路基的影响因素分析

地下水变化对高速铁路路基沉降的影响因素非常多，但是主要的因素一般有抽水井至高速铁路的距离、抽水速度（抽水量）的大小，另外还有地层本身固有的性质（如渗透系数）等因素，分别进行简要分析。

1. 模型建立

1）影响范围

选取在浅层含水层中通过井点抽取地下水的典型实例作为计算对

象，对抽取浅层地下水的影响范围所引起的地面沉降量进行估算和分析。

抽水后，井内及周围含水层的水位便开始下降，形成漏斗状的水位下降区，如图 5.1-1，影响范围可通过抽水影响半径 R 来确定，计算公式如下：

$$R = 3\,000s\sqrt{K} \quad (5.1\text{-}1)$$

式中：s 为水位降深；K 为含水层渗透系数；R 为影响半径。

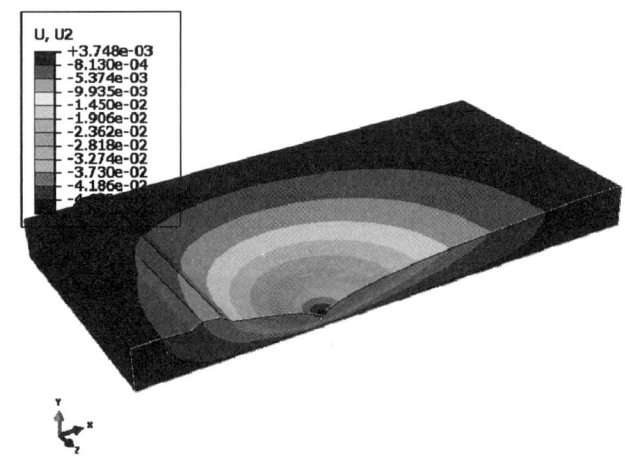

图 5.1-1　漏斗状水位下降区示意图

根据经验，取水位降深为 5 m，含水层的渗透系数为 5×10^{-5}m/s，通过上述公式算得抽水的影响半径为 106 m，该值在建立有限元模型、确立模型大小和计算范围时是一个非常重要的参考指标。

2）抽水速度（抽水量）

模型中建立了一个半径为 r 的抽水井，假定地下水位为地表以下 3 m，抽取深度为整个含水地层（深度为 3～17 m），则水井表面的抽水速度可由下式得出

$$v = \frac{Q}{2\pi \cdot r \cdot n \cdot l} \quad (5.1\text{-}2)$$

式中：Q 为抽水量；r 为抽水井半径；n 为孔隙率；l 为水井长度。

3）有限元模型

路基与水井的相互关系如图 5.1-2 所示。

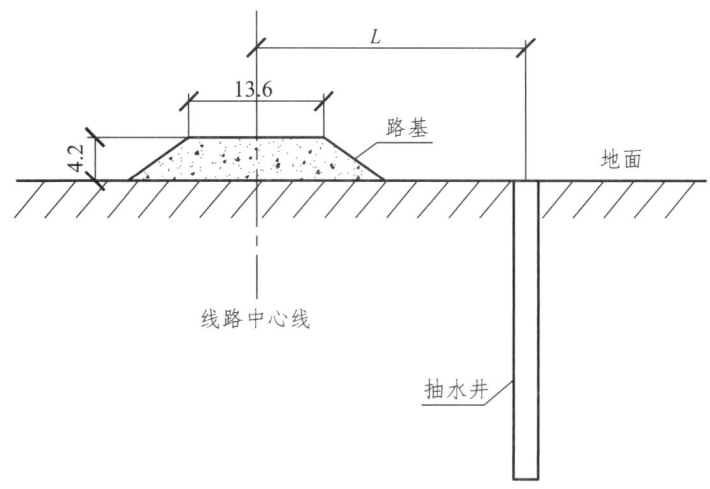

图 5.1-2　路基与抽水井的相互关系（单位：m）

建立有限元模型时，如何确立模型大小、消除边界效应是一个非常重要的问题。根据上文计算所得抽水的影响范围，考虑到有限元模型中边界效应的影响，模型的大小较抽水影响范围略大为宜，经过试算，当有限元模型的长、宽均取为 300 m 时，边界的影响可降至较低的水平，从而提高了计算精度。

根据试算，有限元模型的尺寸确定如下：路基左侧（无水井）为 50 m，路基右侧 250 m，其中水井距离边界为 50 m，线路纵向取为 300 m。地层深度取 28 m，分为 3 层。路基面宽度为 13.6 m，路基厚度为 4.2 m，路基边坡坡度为 1∶1.5。路基与地基土体的物理力学指标如表 5.1-1 所示。

表 5.1-1　路基与地层参数

项目	厚度/m	密度/(kg/m^3)	孔隙比	杨氏模量/(N/m^2)	泊松比	渗透系数/(m/s)
路基	4.2	1 800	0.4	1.5×10^8	0.25	4.0×10^{-6}
回填土	3	1 750	0.4	7.0×10^6	0.30	4.0×10^{-7}
砂土	11	1 700	0.3	1.0×10^9	0.25	5.0×10^{-5}
黏土	14	1 800	0.9	2.5×10^7	0.30	1.0×10^{-9}

三维有限元模型采用 C3D8P（8 节点完全积分孔隙流体单元），假设计算边界处水头压力不变，同时不考虑孔隙介质孔隙比的变化。设置孔压边界条件，利用 Distribution 空间分布函数在周围含水层的边界上设置随深度线性增加的静水孔压边界，其余边界设为不排水边界。建立的有限元计算模型如图 5.1-3 所示。

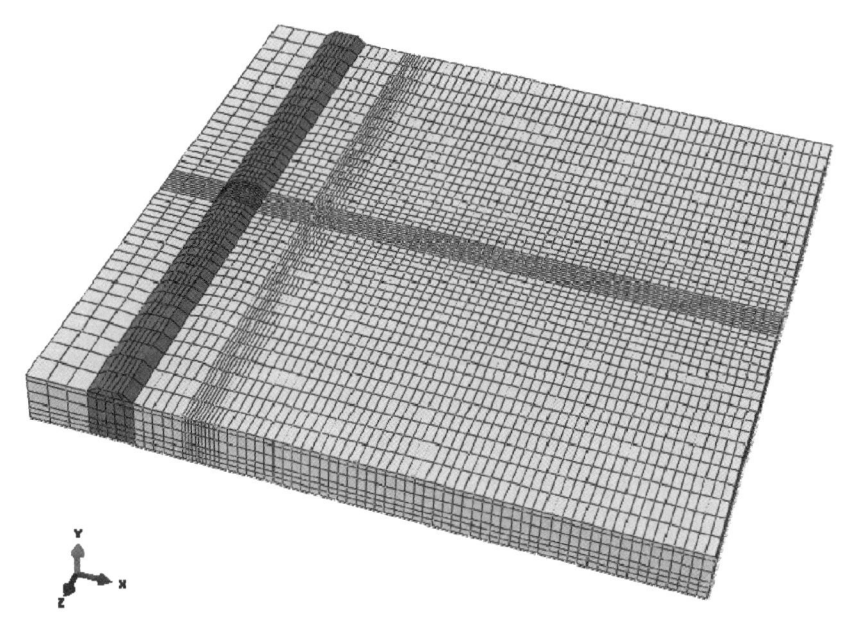

图 5.1-3　有限元模型示意图

2. 水井距离的影响分析

为了研究水井距离对路基沉降的影响，当抽水速度（抽水量）为 750 m³/d 时，取距离为 50、75、100、150、200 m 作为对比工况进行分析。

1）水井与路基中心距为 50 m 时

水井与路基中心距为 50 m 时的计算结果如图 5.1-4 ~ 图 5.1-8 所示。

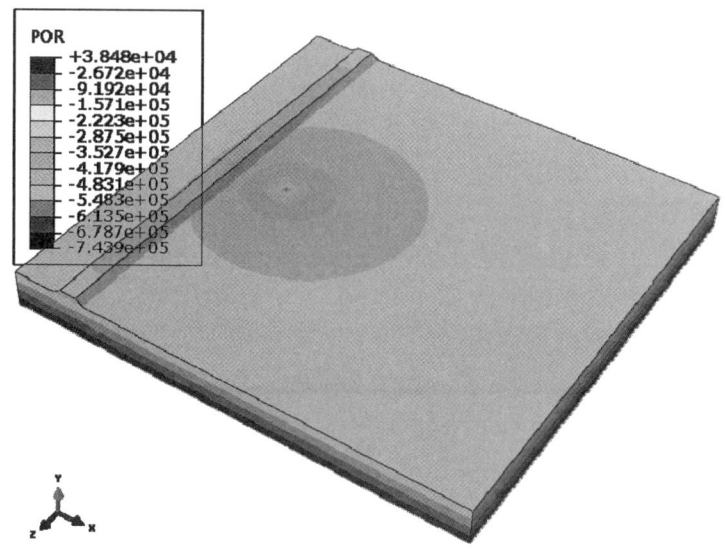

图 5.1-4　路基孔隙压力分布图

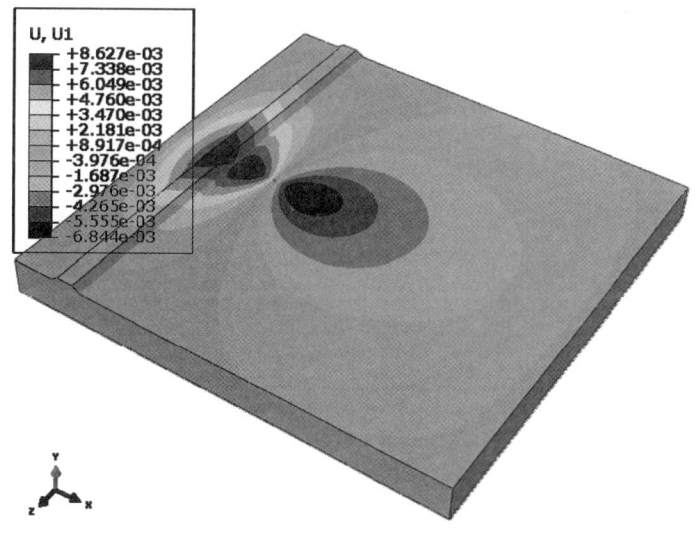

图 5.1-5　路基横向位移变形图

图 5.1-6　路基横向位移剖面图

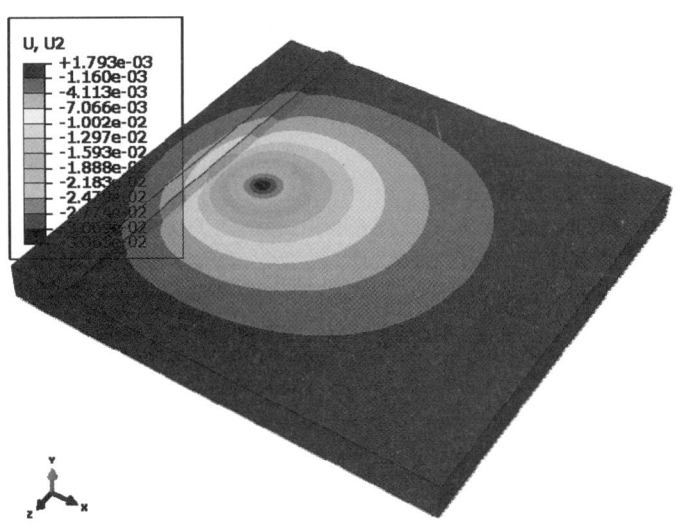

图 5.1-7　路基垂向位移变形图

图 5.1-8　路基垂向位移剖面图

2）水井与路基中心距为 75 m 时

水井与路基中心距为 75 m 时的计算结果如图 5.1-9～图 5.1-13 所示。

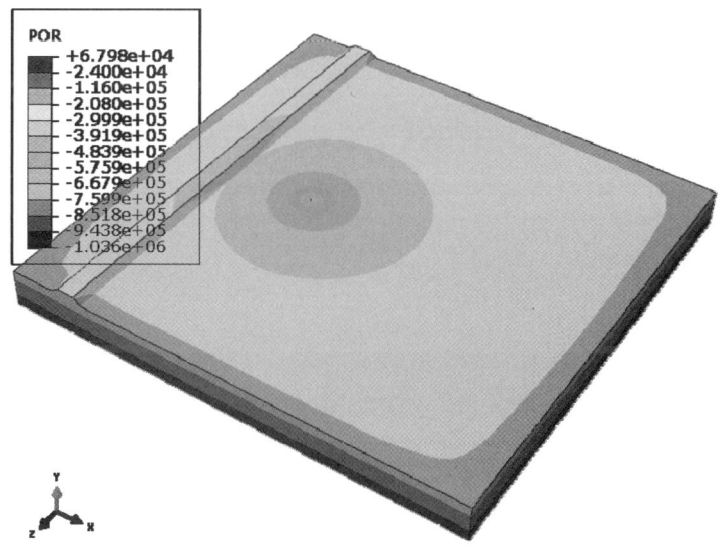

图 5.1-9　路基孔隙压力分布图

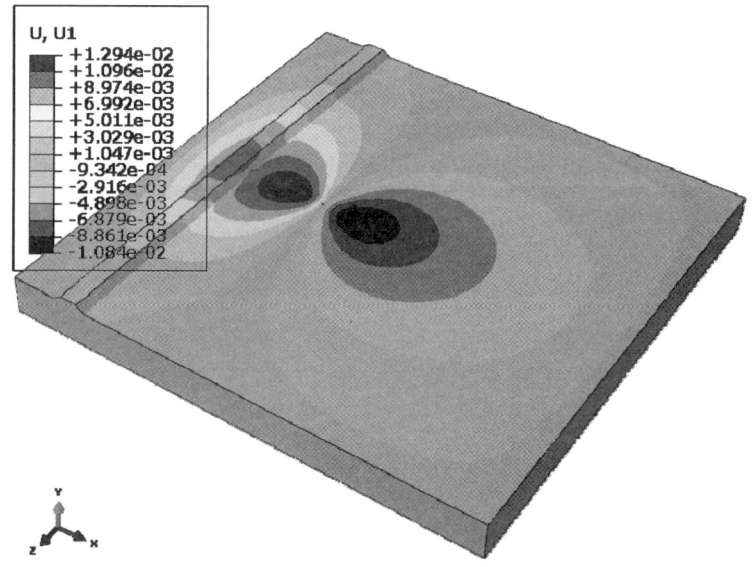

图 5.1-10　路基横向位移变形图

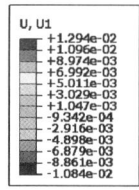

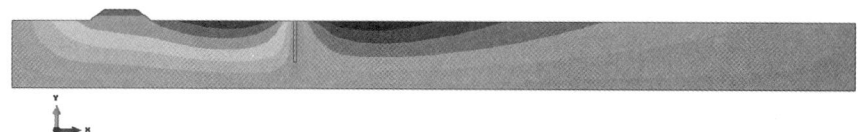

图 5.1-11　路基横向位移剖面图

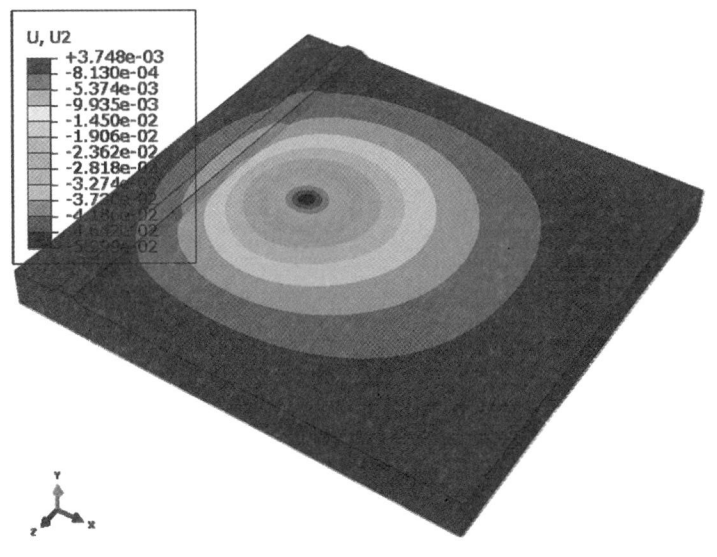

图 5.1-12 路基垂向位移分布图

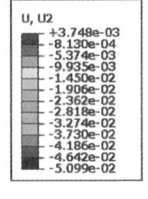

图 5.1-13 路基垂向位移剖面图

3）水井与路基中心距为 100 m 时

水井与路基中心距为 100 m 时的计算结果如图 5.1-14～图 5.1-16 所示。

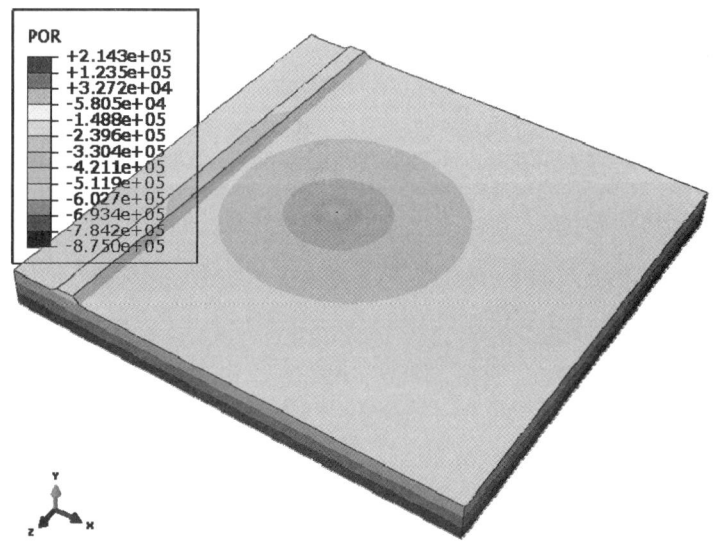

图 5.1-14 路基空隙压力分布图

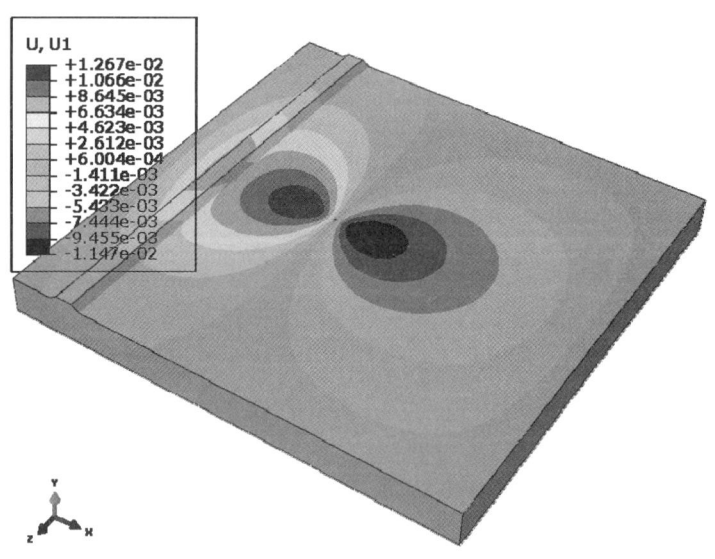

图 5.1-15 路基横向位移分布图

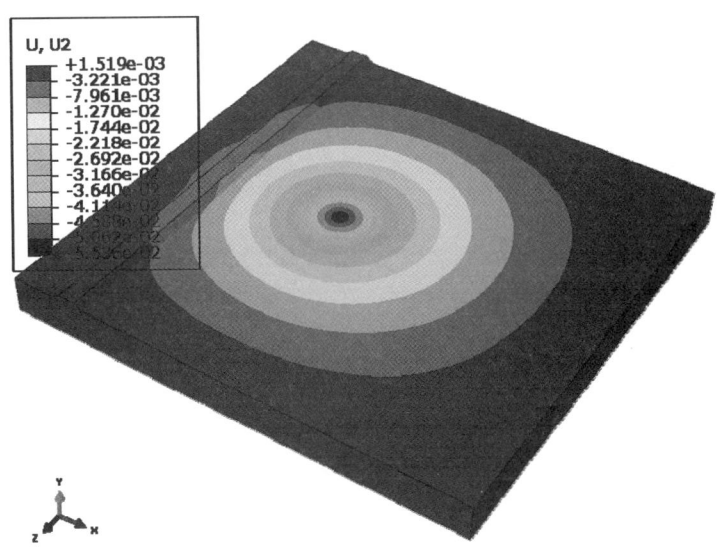

图 5.1-16　路基垂向位移分布图

4）水井与路基中心距为 150 m 时

水井与路基中心距为 150 m 时计算结果如图 5.1-17～图 5.1-19 所示。

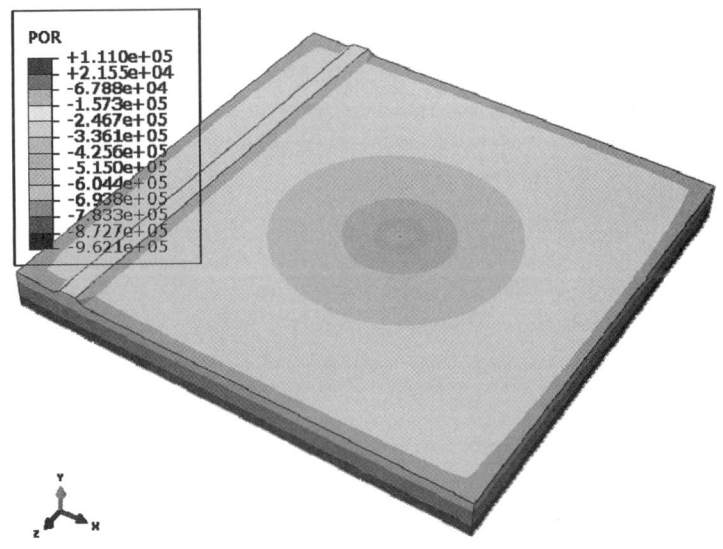

图 5.1-17　路基孔隙压力分布图

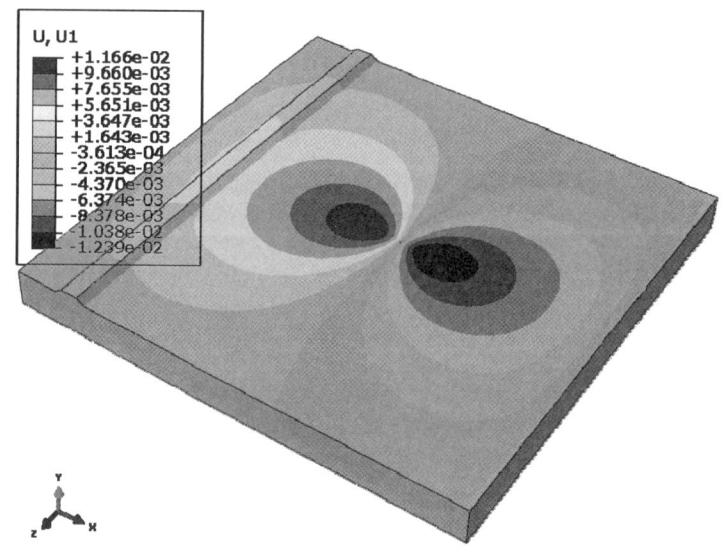

图 5.1-18　路基横向位移变形图

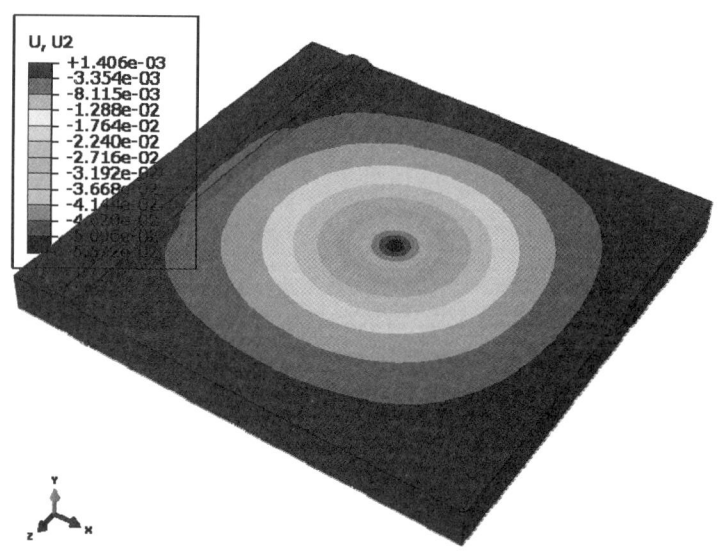

图 5.1-19　路基垂向位移分布图

5）水井与路基中心距为 200 m 时

水井与路基中心距为 200 m 时的计算结果如图 5.1-20 ~ 图 5.1-22 所示。

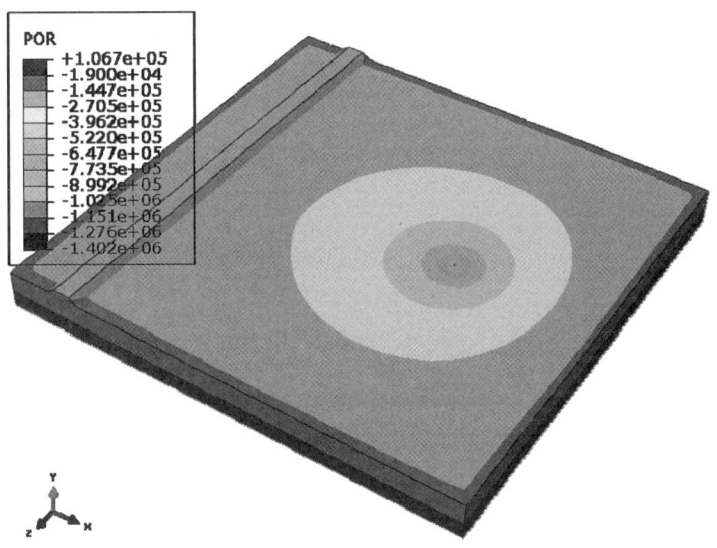

图 5.1-20　路基孔隙压力分布图

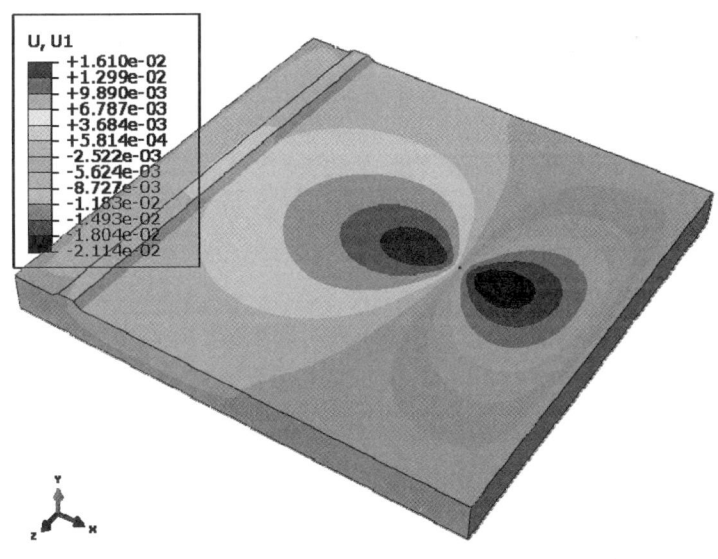

图 5.1-21　路基横向位移分布图

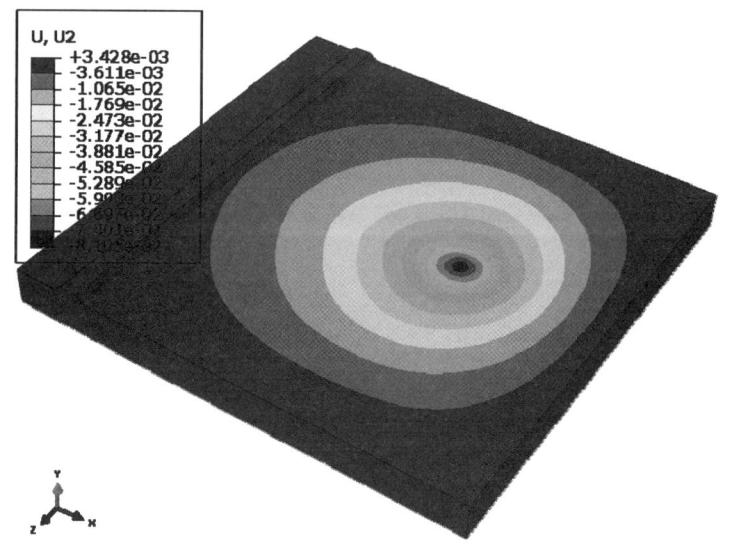

图 5.1-22　路基垂向位移分布图

从图 5.1-4～图 5.1-22 可以看出，各工况土体变形指标的分布云图较为相似，但随着水井与路基距离的增大，各指标云图有一定的变化：

从孔压云图可以看出，距离井点越近的土体，孔压越大；孔压的消散呈较规则的同心圆分布。随着井点与路基距离的增大，路基土体的孔压逐渐减小，路基受井点抽水的影响也就越小。

从土体的沉降云图可以看出，井点周围的土体沉降较大，距离井点越远，土体的沉降越小，减小规律呈同心圆分布。井点距离路基较近时，沿线路纵向沉降的等值线较为密集，表明路基沿纵向出现了较大的不均匀沉降，随着井点与路基距离的增大，路基不均匀沉降的趋势逐渐消失，路基沿纵向的沉降变得均匀。由此表明，随着井点与路基间距离的增大，路基的沉降会显著减小，路基受井点抽水的影响逐渐变弱。因此，为减小地下水位降低对路基沉降的影响，应严禁在高速铁路路基影响范围内打井抽水。

从土体的横向位移云图可以看出，井点两侧土体的横向位移大致呈对称分布，且均有向井点移动的趋势，这与抽水点附近的孔隙水压力出现负值有关。随着与井点距离的增大，路基土体的横向位移不仅在数值上有了较大的减小，而且沿线路纵向横向位移的等值线逐渐稀疏，表明沿线路纵向土体的横向位移逐渐减小。这表明，随着井点与路基距离的增大，路基的横向位移受井点降水的影响逐渐减小。

为进一步对比水井与路基的距离对高速铁路路基沉降的影响，绘制水井在不同距离时对路基垂向沉降的影响如图 5.1-23 所示。

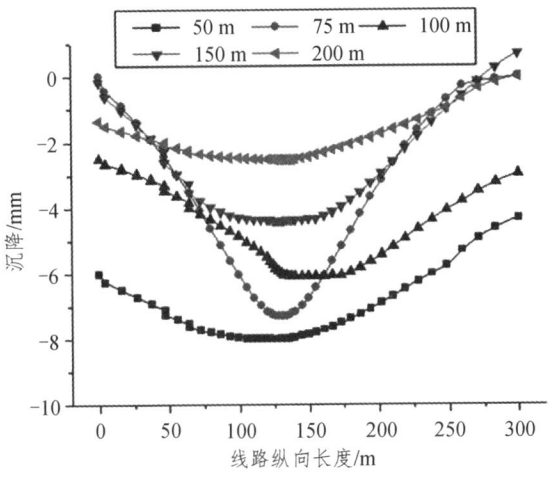

图 5.1-23　不同距离时路基中心线沉降分布

由图 5.1-23 可以看出，路基沉降沿线路纵向的分布呈现"下凹"形，即与水井直线距离最近的路基区域的沉降越大，远离水井路基的沉降越小。可见，井点与路基的距离对路基沉降有较大的影响。

计算的井点与路基不同距离下各工况路基最大沉降对比如图 5.1-24 所示。

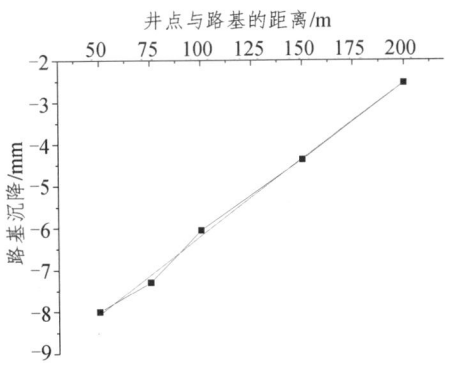

图 5.1-24　路基中部顶点沉降随井点与路基距离的变化图

从图 5.1-24 可以看出，井点与路基的距离大小对路基沉降的影响非常显著。当距离为 50 m 时，路基顶面沉降为 8.05 mm，当距离增大到 200 m 时，路基顶面沉降仅为 2.54 mm，后者比前者减小了 68.3%，基本呈线性减小，其拟合曲线方程为

$$y = -9.97433 + 0.03849x \tag{5.1-3}$$

式中：x 为抽水井距离（m）；y 为路基垂向最大沉降量（mm）。

路基横向位移在井点与路基不同距离工况下的分布如图 5.1-25 所示。

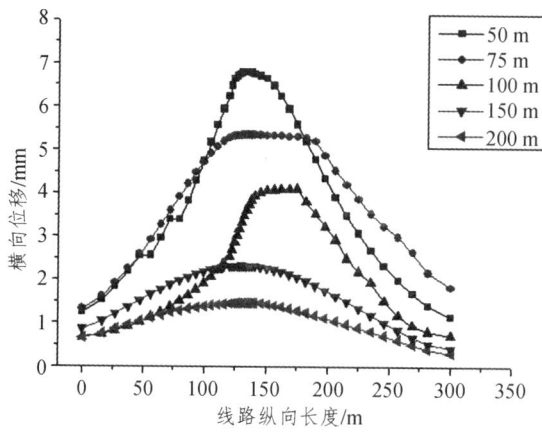

图 5.1-25　不同距离时路基中心线横向位移分布

由图 5.1-25 可以看出，路基横向位移沿线路纵向的分布大致呈现"上凸"形。其中，与水井直线距离越近的路基位置，横向沉降变形越大，而越远离水井路基的横向变形越小。可见，井点与路基的距离对路基横向变形也有较大的影响。

计算的井点与路基不同距离下各工况路基最大横向变形对比如图 5.1-26 所示。

从图 5.1-26 可以看出，井点与路基的距离对路基横向位移的影响非常显著。当距离为 50 m 时，路基顶面横向位移为 6.79 mm，当距离增大到 200 m 时，路基顶面沉降仅为 1.45 mm，后者比前者减小了 78.6%，减小呈指数型关系，其指数型曲线方程为

$$y = 11.542 e^{-0.01x} \tag{5.1-4}$$

式中：x 为抽水井距离（m）；y 为路基横向变形量（mm）。

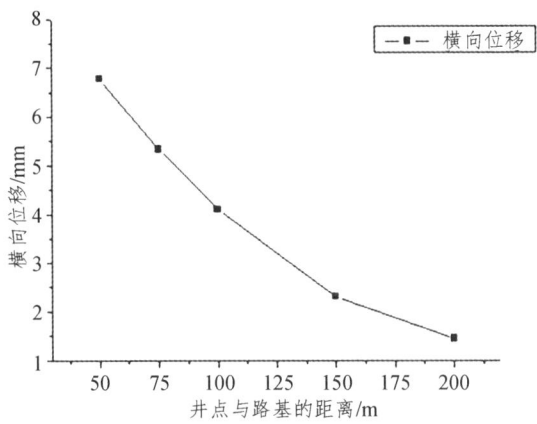

图 5.1-26　路基中部顶点横向位移随路基与井点距离的变化图

3. 抽水量的影响分析

为了研究抽水速度（抽水量）对路基沉降的影响，取 5 种不同的单日抽水量进行计算，分别为 250 m³/d、500 m³/d、750 m³/d、1 000 m³/d 和 1 250 m³/d。根据抽水速度的计算公式，可得水井表面的抽水速度分别为 0.000 2 m/s、0.000 4 m/s、0.000 6 m/s、0.000 8 m/s、0.001 m/s。由于规律基本一致，这里仅列出抽水量为 750 m³/d 时土体沉降剖面，如图 5.1-27 所示。

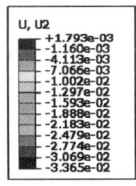

图 5.1-27　抽水量为 750 m³/d 时土体沉降剖面图

从上述土体沉降的剖面图可以看出，抽水会造成周边土体和路基的沉降。沉降影响范围大致呈同心圆向外扩散，离抽水点越近，土体的沉降越大。

不同抽水速度下路基沉降沿线路纵向的分布如图 5.1-28 所示。

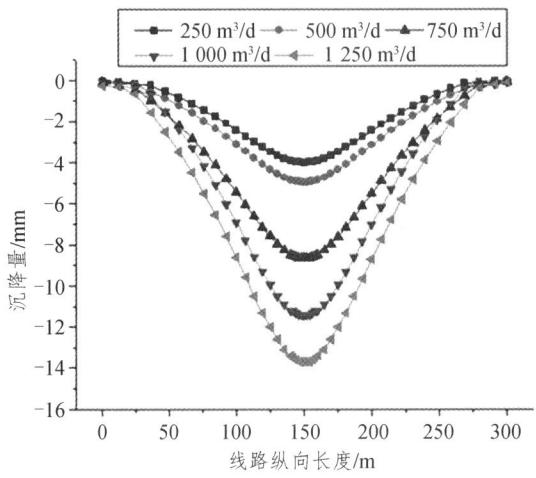

图 5.1-28　抽水速度对路基沉降的影响

从图 5.1-28 可以看出，路基沉降沿线路方向的分布呈"下凹"形，即越靠近路基中间部位（水井与路基的直线距离越短），沉降越大，这与实际情形吻合。

抽水速度对线路纵向沉降的影响有明显的规律性，抽水速度越大，沉降越大。不同抽水速度下路基顶面最大沉降值对比如图 5.1-29 所示。

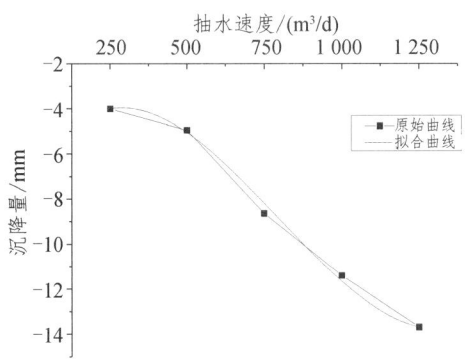

图 5.1-29　路基中部顶点沉降随抽水速度的变化

由图 5.1-29 可以看出，抽水速度对路基顶面沉降的影响非常明显。抽水速度为 250 m³/d 时，沉降值为 4.0 mm，抽水速度为 1 250 m³/d 时，沉降值为 13.7 mm，后者较前者增大了 2.4 倍。可见，抽水速度对路基沉降具有显著的影响，抽水速度与路基垂向位移呈三次曲线分布，其曲线方程为

$$y = -6.78 + 26\,401.15x - 6.98x^2 + 3.65x^3 \qquad (5.1\text{-}5)$$

式中：x 为抽水速度（m³/d）；y 为垂向位移（mm）。

不同抽水速度下路基横向位移沿纵向的分布如图 5.1-30 所示。

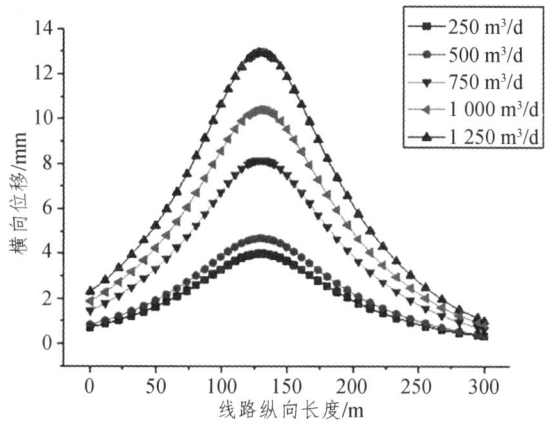

图 5.1-30　抽水速度对路基横向位移的影响

从图 5.1-30 可以看出，路基的横向位移沿纵向长度的分布呈"上凸"形，即越靠近抽水井对应的路基横断面位置，横向位移越大，这与实际情形吻合。

抽水速度对路基横向位移的影响有明显的规律性，抽水速度越大，路基横向位移越大。不同抽水速度下路基顶面沉降的横向位移值如图 5.1-31 所示。

由图 5.1-31 可以看出，抽水速度对路基顶面横向位移的影响非常明显。抽水速度为 250 m³/d 时，横向位移为 3.98 mm，抽水速度为 1 250 m³/d 时，横向位移为 12.94 mm，后者较前者增大了 2.25 倍，其拟合曲线方程为

$$y = 5.638 - 17\,838x + 5.1x^2 + 2.58x^3 \qquad (5.1\text{-}6)$$

式中：x 为抽水速度（m³/d）；y 为横向位移（mm）。

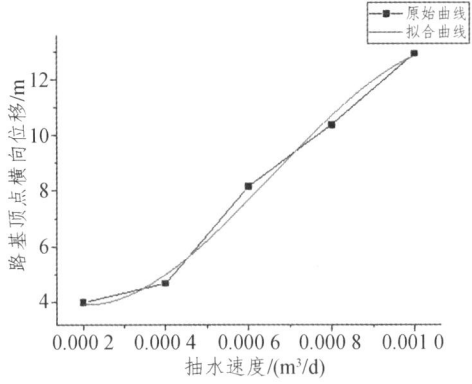

图 5.1-31　路基中部顶点横向位移随抽水速度的变化

综合图 5.1-28～图 5.1-31 可以看出，在高速铁路路基周边取水时应严格控制取水量。大量的抽取地下水会使周围地面，以及地面上修建的路基产生较大的垂向沉降与横向变形，直接影响上部轨道结构的力学性能和行车的安全性。

4. 渗透系数的影响分析

为了研究土层渗透系数对路基沉降的影响，当抽水速度为 1 000 m³/d，抽水井距离为 200 m 时，取土层渗透系数分别为 0.1 m/d、0.5 m/d、1 m/d 及 5 m/d 作为对比工况进行分析，其计算结果如图 5.1-32～图 5.1-33 所示。

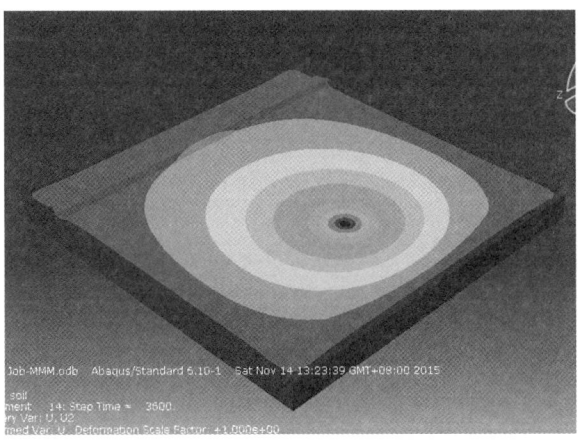

（a）1 m/d

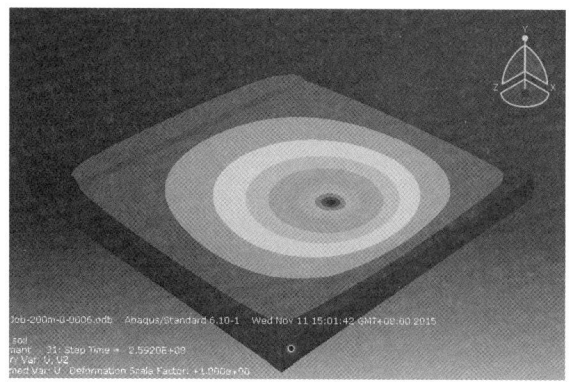

(b) 5 m/d

图 5.1-32　不同渗透系数的路基计算云图

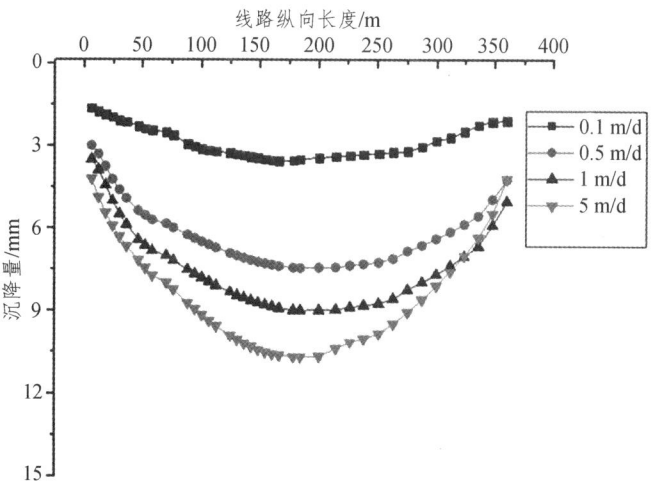

图 5.1-33　渗透系数对路基中心沉降量的影响

从图 5.1-34 可以得出,当土层的渗透系数为 0.1 m/d 时线路中心最大沉降量为 3.5 mm,当土层的渗透系数为 0.5 m/d 时线路中心最大沉降量为 7.4 mm,当渗透系数增大到 5 m/d 时最大沉降量相应增大到 10.7 mm。可见,在一定的范围内随着渗透系数的增大线路中心最大沉降量也相应增大,渗透系数与路基最大沉降量呈对数型分布,其曲线方程为

$$y = 1.8372\ln(x) + 8.2867 \quad (5.1\text{-}7)$$

式中:x 为渗透系数(m/d);y 为沉降量(mm)。

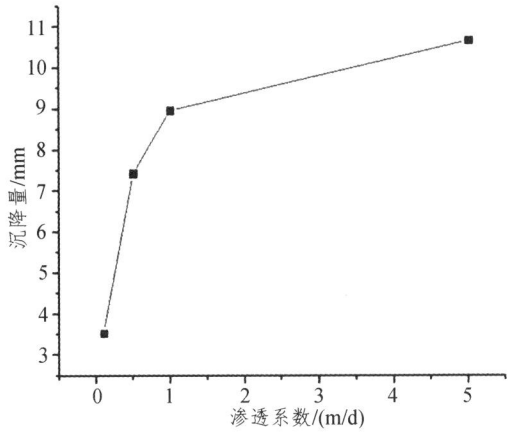

图 5.1-34　渗透系数对路基最大沉降量的影响

5.1.2　深浅地下水开采对高速铁路路基的影响分析

地下水开采会导致地下水位下降，造成路基沉降。抽水井在不同含水层开采地下水时对路基沉降的影响规律也是不同的。季节性的农业用水、非季节性的生活和工业用水最终对路基沉降的决定性因素主要在于抽水量的大小。根据我国具体情况，一般情况下农业用水主要抽取的是浅层地下水，而生活和工业用水主要抽取的是深层承压水。

1. 计算条件分析

以高速铁路典型的桩网结构路基为研究对象，建立计算分析模型。同时建立无地基加固措施的普通路基模型进行对比分析。

模型地基取沿线路方向长为 120 m，垂直于线路方向宽为 250 m，厚度为 200 m，共分为 6 层，从上到下依次为回填土、砂土、黏性土、黏土、砂土及黏性土；抽水井直径为 1.5 m，潜水井长度为 17 m，深水井长度为 120 m，浅水层地下水位为地面以下 3 m，深水层地下水位为地面以下 100 m。浅层地下水和深层地下水的开采量都取农业用水的最大值 3 000 m³/d。绘制的路基与抽水井的相互关系示意图如图 5.1-35 所示。轨道、路基与地层的基本参数如表 5.1-2 所示。

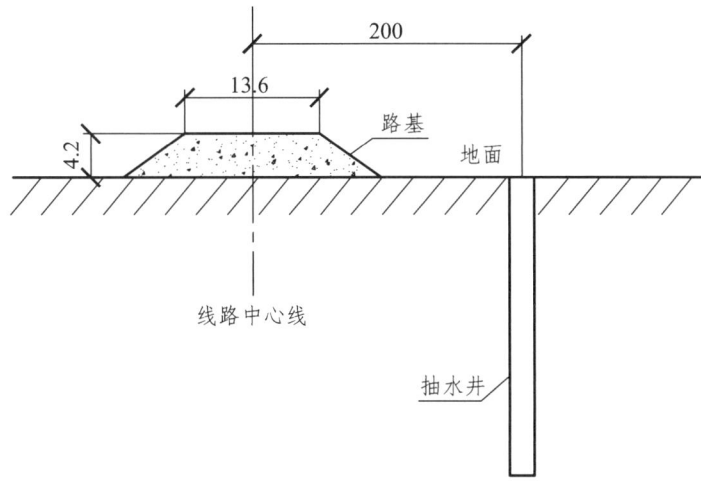

图 5.1-35　路基与抽水井的相互关系（单位：m）

表 5.1-2　轨道、路基与地层基本参数

项　目	厚度/m	密度/(kg/m³)	孔隙比	弹性模量/Pa	泊松比	渗透系数/(m/s)
钢　轨	—	7 830	—	2.0×10^{11}	0.30	
轨道板	0.19	2 500	—	3.6×10^{10}	0.20	—
CA 砂浆层	0.05	1 800	—	3.0×10^{8}	0.34	—
支承层	0.2	2 500	—	3.2×10^{10}	0.20	
基床表层	0.4	1 950	—	1.5×10^{8}	0.25	
基床底层	2.3	1 800	—	1.8×10^{8}	0.25	
路基本体	1.5	1 700	—	5.0×10^{7}	0.25	
回填土	3	1 750	0.4	7.0×10^{6}	0.30	4.0×10^{-7}
砂　土	27	1 700	0.3	1.0×10^{9}	0.25	5.0×10^{-5}
黏性土	30	1 800	0.9	2.5×10^{7}	0.30	1.0×10^{-9}
黏　土	40	2 250	0.2	6.3×10^{10}	0.25	1.0×10^{-11}
砂　土	40	1 750	0.25	1.0×10^{9}	0.25	5.0×10^{-5}
黏性土	60	1 850	0.9	2.5×10^{7}	0.3	1.0×10^{-9}

2. 对无地基加固措施高速铁路路基的影响

以下主要分析没有进行地基加固处理的地段,地下水开采对高速铁路路基的影响。建立的路基和轨道分析模型如图 5.1-36 所示,ABAQUS 整体分析模型如图 5.1-37 所示。

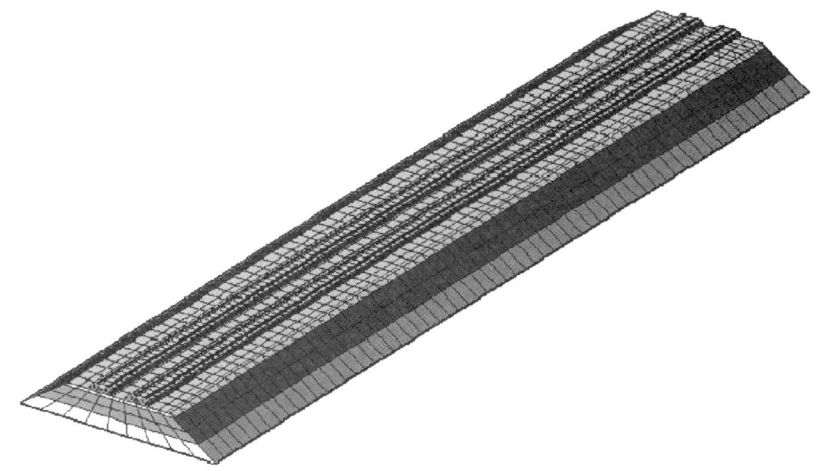

图 5.1-36　路基、轨道模型

图 5.1-37　ABAQUS 整体模型

对浅层地下水和深层地下水的开采规律分别进行分析。

1）浅层地下水开采

普通路基在浅层地下水开采条件下的沉降变形规律及与浅层水位的变化规律如图 5.1-38 所示。

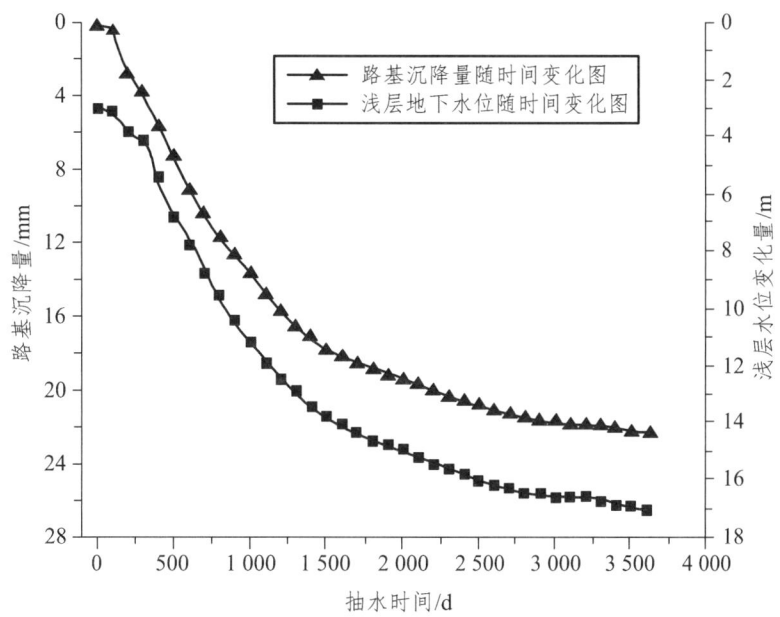

图 5.1-38　路基沉降量及浅层水位随抽水时间的变化图

从图 5.1-38 可以看出，普通路基沉降量和浅层地下水位的变化量均随地下水开采而呈现早期沉降发展较快、后期沉降缓慢的特点。同时地下水位变化的快慢与路基沉降的快慢基本同步。这主要是由于地下水开采初期，随着孔隙水压力的快速降低，在路基影响范围内的土体有效应力增加迅速，从而产生了相对较快的沉降。此后，随着地下水的继续开采，远处的地下水会由于压力水头的作用渗流到抽水井，抽水影响范围变得更大，但对路基的沉降影响减弱。从计算的数据曲线可以看出，一般在持续抽水情况下，约 3.5 年后路基的后期沉降趋于缓和。这也表明，对于在铁路线路附近进行地下水开采，应特别注意在地下水开采初期对铁路沉降变形的监测。

从图 5.1-38 的数据可知，当沉降趋于稳定后浅层地下水开采下普通路基基床表层的沉降量为 22.18 mm，大于《高速铁路设计规范》限值 15 mm 的规定。由此可见，对于未采取加固措施的普通高速铁路路基，在线路附近 200 m 范围进行长期开采地下水，会使得线路的沉降超限。

此外，从图 5.1-38 还可得出，浅层地下水位在 10 年的时间里下降了 13.9 m，水位下降的速度为 1.39 m/a，路基沉降了 22.18 mm，路基的沉降速度为 2.218 mm/a。为了将地下水位的变化量与路基沉降量归一化处理，可采用比单位变形量法来计算在某一特定阶段（水位下降）内土层的沉降量。比单位变形量是指 1 m 厚的地层、在水位下降 1 m 时引起的地层变形量，其计算公式为

$$I_c = \frac{\Delta S_c}{\Delta h_c H} \tag{5.1-8}$$

式中：I_c 为水位下降期的比单位变形量[mm/（m·m）]；Δh_c 为同时期的水位降幅（m）；ΔS_c 为相应于该水位变幅下的土层沉降量（mm）；H 为土层厚度（m）。

根据公式（5.1-8）计算得出浅层地下水开采导致路基沉降的比单位变形量为 0.028 mm/（m·m），根据比单位的变形量值来推测计算所要研究区域内浅部地层分布情况相近的普通路基沉降量，其计算公式为

$$S_c = I_c \Delta h_c H \tag{5.1-9}$$

式中：S_c 为水位下降 Δh（m）时厚度为 H 的土层预测沉降量（mm）。

将图 5.1-38 中普通路基浅层地下水位下降随开采时间变化进行拟合，可以得出，浅层地下水位变化量随时间呈对数型曲线分布，其曲线方程为

$$y = 3.005\,9\ln(x) - 0.162\,6 \tag{5.1-10}$$

式中：x 为抽水时间（d）；y 为浅层地下水位变化量（m）。

将公式（5.1-10）带入公式（5.1-9）可得普通路基沉降量随时间的变化关系方程，如下：

$$S_c = I_c \times H \times [3.005\,9\ln(x) - 0.162\,6] \tag{5.1-11}$$

从上式可以看出，路基沉降与时间呈对数型曲线关系。此外，从式（5.1-11）还可看出，只要知道了地层厚度以及对应土层的比单位变形量，就可预测路基随时间的变化关系。

2）深层地下水开采

普通路基在深层地下水开采条件下的沉降量及深层地下水位变化随开采时间的变化规律如图 5.1-39 所示。

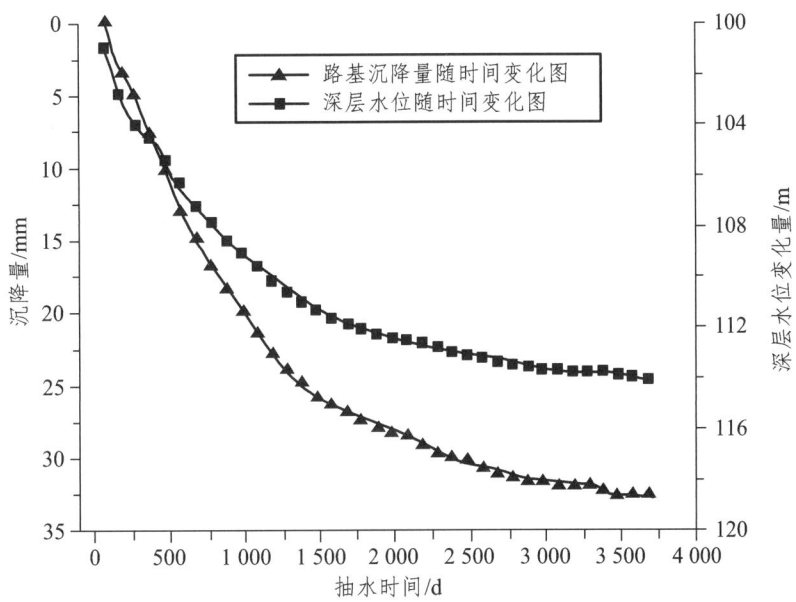

图 5.1-39　路基沉降量及深层水位随抽水时间的变化图

从图 5.1-39 可以看出，普通路基在深层地下水开采下的沉降量与深层地下水位的变化量变化规律与浅层地下水开采规律类似，均随地下水开采而呈现早期沉降发展较快、后期沉降缓慢的特点。同时地下水位变化的快慢与路基沉降的快慢基本同步。这主要是由于地下水开采初期，随着孔隙水压力的快速降低，在路基影响范围内的土体有效应力增加迅速，从而产生了相对较快的沉降。此后，随着地下水的继续开采，远处的地下水会由于压力水头的作用渗流到抽水井，抽水影响范围变得更大，相对而言对路基范围内的影响减弱，从而使得路基的后期沉降趋于缓和。

从图 5.1-39 还可看出，深层地下水开采情况下，深层地下水位在 10 年的时间里下降了 14.2 m，其水位下降的速度为 1.42 m/a，路基沉降了 32.6 mm，其沉降速度为 3.26 mm/a。采用比单位变形量法将深层地下水位的变化量与路基沉降量进行归一化处理，计算得出生活用水和工业用水情况下导致路基沉降的比单位变形量为 0.012 mm/(m·m),根据比单位变形量值可以推测计算研究区域内深部地层分布情况相近的普通路基沉降量。

将图 5.1-39 中普通路基深层地下水位下降随开采时间变化进行拟合,可以得出,深层地下水位变化量随抽水时间也呈对数型曲线分布,其曲线方程为

$$y = 5.960\,7\ln(x) + 72.214 \tag{5.1-12}$$

式中:x 为抽水时间(d);y 为深层地下水位变化量(m)。

将公式(5.1-12)带入公式(5.1-9)可得普通路基沉降量随时间的变化关系方程,如下:

$$S_c = I_c \times H \times [5.960\,7\ln(x) + 72.214] \tag{5.1-13}$$

3)浅层与深层开采水对比分析

不同层次地下水开采条件下钢轨及路基沉降沿线路纵向的分布规律如图 5.1-40~图 5.1-41 所示。

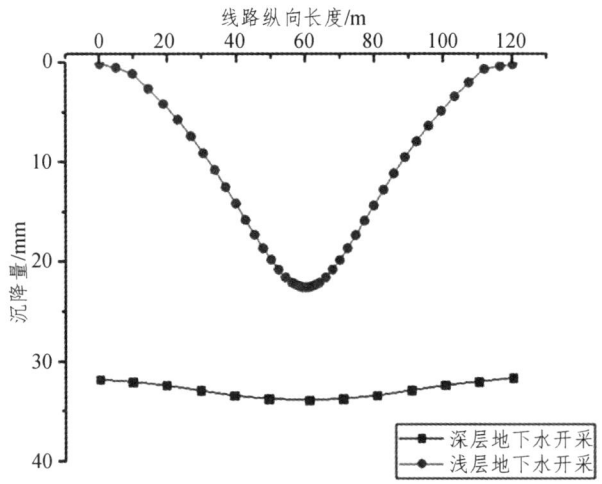

图 5.1-40 普通路基钢轨沉降量分布图

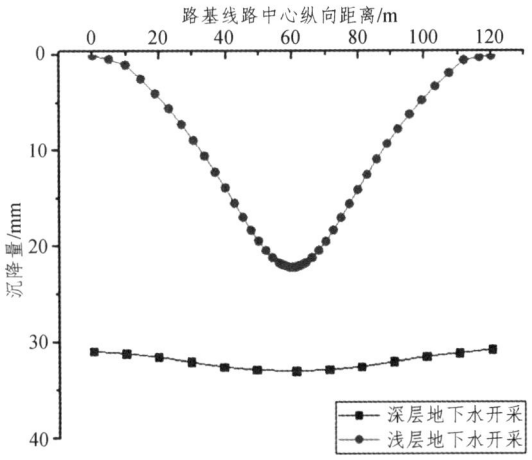

图 5.1-41 普通路基基床表层沉降量分布图

从图 5.1-41 可以看出，深层地下水开采下对路基线路中心的沉降量大于浅层地下水开采下路基的沉降量。这主要是深层地下水开采过程中其上覆土压力较大，造成同样的开采量下，其土体所受到的有效应力也较大所造成的。

在浅层地下水开采情况下，路基线路在纵向 60 m 范围内产生的沉降差为 22.05 mm，深层地下水开采下产生的沉降差仅为 2.3 mm。由此表明，在同样的开采量情况下，尽管深层地下水开采使路基产生的沉降量更大，但其主要表现为大范围的区域性沉降；而浅层地下水的开采尽管对路基产生的沉降值小，但对线路的不平顺影响更大。因此建议，针对高速铁路线路附近进行地下水开采的情况，更应该严格限制浅层地下水开采，以及严控持续大量开采。

3. 对桩网结构路基的影响

钢筋混凝土桩网结构由钢筋混凝土桩（群）、桩帽及加筋垫层组成，可用于基础变形控制严格的软弱土地基加固。近年来，我国在高速铁路建设中，为满足高速铁路对路基的工后沉降及差异沉降的要求，大量采用了桩网结构路基。图 5.1-42 为高速铁路典型桩网结构路基代表性横断面图。

采用有限元建立的桩网结构模型，桩径为 0.5 m，桩间距为 1.7 m，桩长为 24.0 m，正方形布置。桩顶设直径 1.0 m 桩帽，桩帽厚度 0.4 m。桩帽上方铺设 0.6 m 厚碎石垫层。桩帽和 CFG 桩的参数如表 5.1-4 所示，模型示意图如图 5.1-43，其他轨道、路基及地基参数属性均与表 5.1-3 一致。

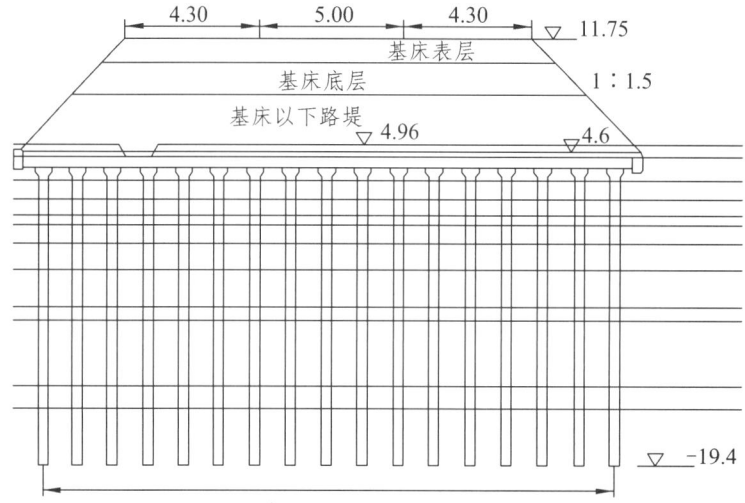

图 5.1-42　高速铁路典型桩网结构路基代表性横断面图

表 5.1-4　桩网结构模型材料参数

项　目	密度/(kg/m³)	弹性模量/Pa	泊松比
碎石垫层	2 000	1.2×10^8	0.15
桩　帽	2 300	2.0×10^{10}	0.16
CFG 桩	2 300	2.0×10^{10}	0.16

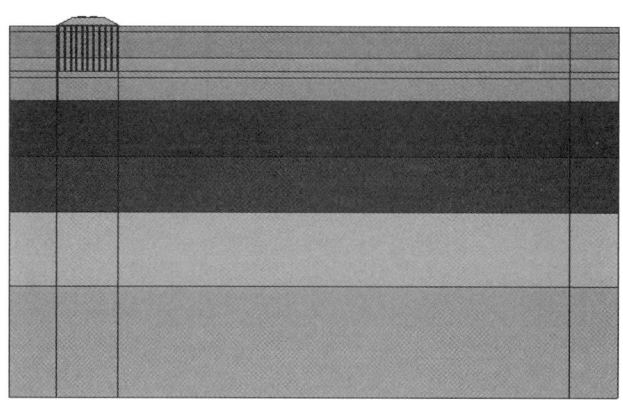

图 5.1-43　桩网结构路基模型示意图

通过有限元对浅层地下水和深层地下水分别分析计算，得出结论：

1）浅层地下水开采

在浅层地下水开采条件下桩网结构路基的沉降变形规律及浅层水位的变化规律如图 5.1-44 所示。

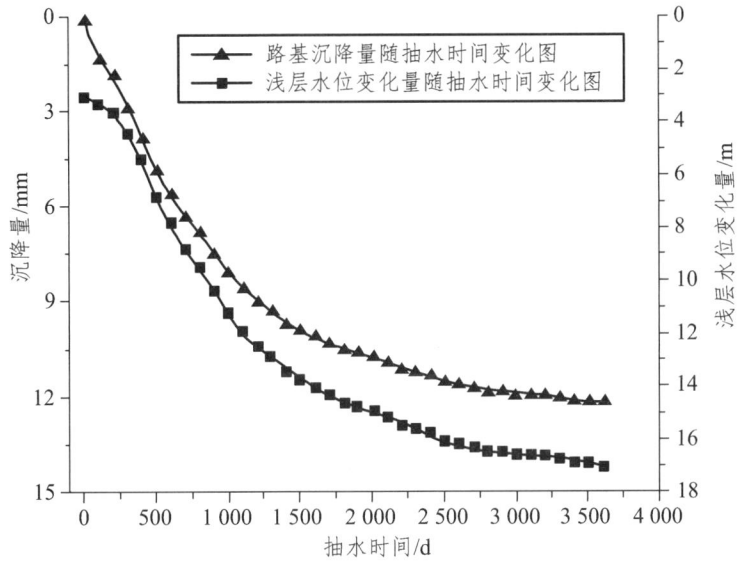

图 5.1-44　桩网结构路基沉降随时间变化图

从图 5.1-44 可以看出，桩网结构路基的沉降规律及浅层地下水位变化量与无地基加固措施的普通路基一样，都是早期随着地下水开采路基沉降发展较快，约 3.5 年后期沉降缓慢，且最终趋于稳定。因此，对于受地下水开采影响的桩网结构路基地段，也应特别加强早期的监测。

从图 5.1-44 的数据可知，沉降趋于稳定后，浅层地下水开采下桩网结构路基的沉降量为 12.12 mm。根据《高速铁路设计规范》，路基的沉降限值为 15 mm。由此表明，采用桩网结构路基可有效抑制由于浅层地下水开采对路基沉降的影响。

浅层地下水开采下桩网结构路基在 10 年内沉降了 12.12 mm，其沉降速度为 1.212 mm/a，浅层地下水位的变化规律同普通路基的变化规律相同。采用比单位变形量法将浅层地下水位的变化量与桩网结构路基沉降量进行归一化处理，计算得出浅层地下水开采下导致桩网结构路基沉降的比单位变形量为 0.015 mm/(m·m)，根据比单位变形量值可以推测计算研究区域内浅部地层分布情况相近的桩网结构路基沉降量。

将图 5.1-44 中桩网结构路基浅层地下水位下降随开采时间变化进行拟合，可以得出，浅层地下水位变化量随时间呈对数型曲线分布，其曲线方程为

$$y = 2.372\ln(x) + 0.215\,6 \quad (5.1\text{-}14)$$

式中：x 为抽水时间（d）；y 为浅层地下水位变化量（m）。

将公式（5.1-14）带入公式（5.1-9）可得桩网结构路基沉降量随时间的变化关系方程，如下：

$$S_c = I_c \times H \times [2.372\ln(x) + 0.215\,6] \quad (5.1\text{-}15)$$

从上式可以看出，路基沉降与时间呈对数型曲线关系。此外，从式（5.1-15）还可看出，只要知道了地层厚度以及对应土层的比单位变形量，就可预测路基随时间的变化关系。

2）深层地下水开采

在深层地下水开采条件下桩网结构路基的沉降变化规律及深层水位的变化规律如图 5.1-45 所示。

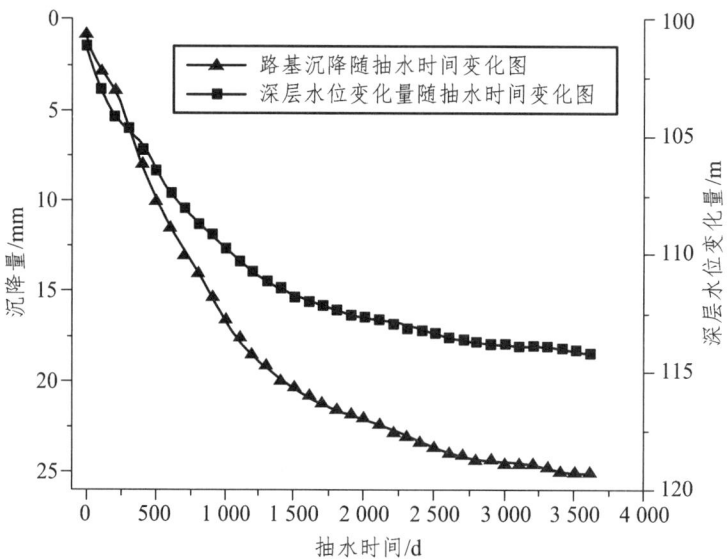

图 5.1-45　桩网结构路基沉降随时间变化图

从图 5.1-45 可以看出，桩网结构路基的沉降规律及深层地下水位变化量与无地基加固措施的普通路基一样，都是早期随着地下水开采路基沉降发展较快，后期沉降缓慢，且最终趋于稳定。因此，对于受地下水开采影响的桩网结构路基地段，也应加强早期的监测。

从图 5.1-45 的测试数据可知，沉降趋于稳定后，深层地下水开采下桩网结构路基的沉降量为 24.93 mm，其沉降速度为 2.493 mm/a。深层地下水位的变化规律和普通路基在深层地下水开采下的下降规律相同。采用比单位变形量法将深层地下水位的变化量与桩网结构路基沉降量进行归一化处理，计算得出深层地下水开采下导致桩网结构路基沉降的比单位变形量为 0.01 mm/(m·m)，根据比单位变形量值可以推测计算研究区域内深部地层分布情况相近的桩网结构路基沉降量。

将图 5.1-45 中桩网结构路基深层地下水位下降随开采时间变化进行拟合，可以得出，深层地下水位变化量随时间呈对数型曲线分布，其曲线方程为

$$y = 4.479\ln(x) + 65.3126 \tag{5.1-16}$$

式中：x 为抽水时间（d）；y 为浅层地下水位变化量（m）。

将公式（5.1-16）带入公式（5.1-9）可得桩网路基沉降量随时间的变化关系方程，如下：

$$S_c = I_c \times H \times [4.479\ln(x) + 65.3126] \tag{5.1-17}$$

从上式可以看出，路基沉降与时间呈对数型曲线关系。此外，从式（5.1-17）还可看出，只要知道了地层厚度以及对应土层的比单位变形量，就可预测路基随时间的变化关系。

3）对比分析

深浅地下水开采条件下桩网结构钢轨及路基沉降沿线路纵向的分布规律如图 5.1-46 ~ 图 5.1-47 所示。

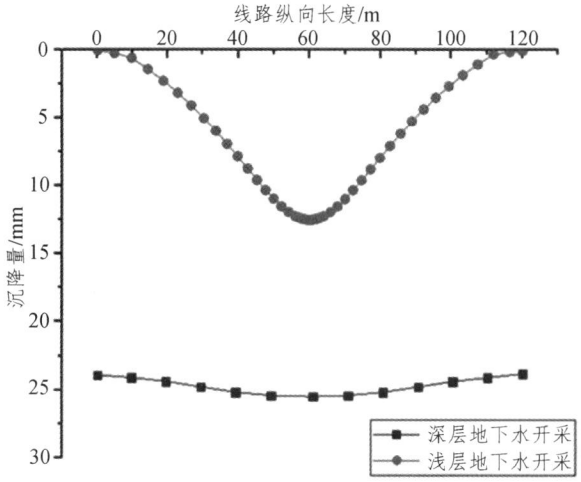

图 5.1-46　深浅地下水开采条件下桩网结构路基钢轨沉降量分布图

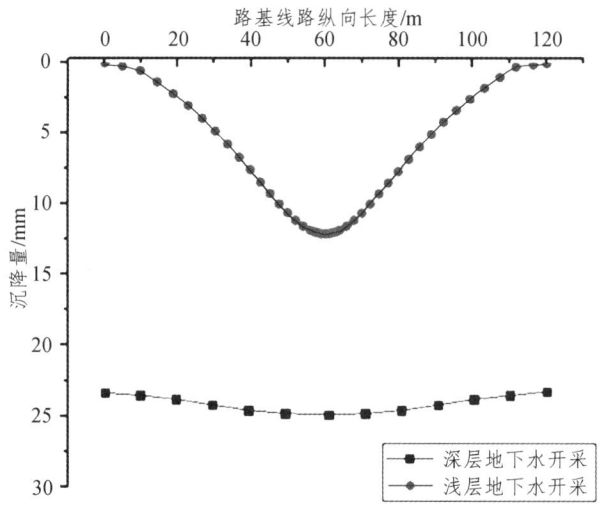

图 5.1-47　深浅地下水开采条件下桩网路基线路中心纵向沉降量分布图

从图 5.1-47 可以看出，对于桩网结构路基，其在浅层与深层开采条件下产生沉降的规律与无加固路基类似，都是浅层开采水情况下，产生的沉降小，但对线路的不平顺影响大；深层开采水情况下，产生的沉降大，但对线路的不平顺影响小。

将桩网结构路基与无加固路基进行对比可以看出，采用桩网结构对土质路基进行加固相对于不加固，浅层开采水情况下沉降减小了 10.1 mm，深层开采水情况下沉降减小了 7.7 mm。可见，采用桩网结构等措施对高速铁路路基进行加固可有效抑制由于地下水开采引起路基沉降较大的问题，尤其对于开采浅层地下水情况效果更明显。

5.2 开采地下水对高速铁路桥梁工程的影响

5.2.1 地下水变化对桥梁桩基的影响分析

地下水变化引起的高速铁路沉降变形不仅造成桥梁桩基沉降变形，而且对高速列车舒适和安全运行的影响也十分突出。为分析水位下降导致附加应力发生变化，从而对桥梁桩基产生不利的影响，采用 ABAQUS 有限元软件对桩基的沉降特性进行分析。

对于桥梁桩基而言，地下水水位在桩基不同深度的变化对桩基变形的影响显然是不同的，为充分说明地下水变化对桩基的影响，选取两种典型的地下水变化模型来分析地下水水位下降对桩基的影响。一种模型是地下水水位变化分别发生在桩基区域，另一种模型是地下水水位变化分别发生在桩基下卧层，水位变化都是自上而下降低。

1. 分析模型

模型一：根据某高速铁路桥梁桩基钻孔资料，初始地下水水位位于设计桩尖以下约 10 m。

模型二：根据某高速铁路桥梁桩基钻孔资料，初始地下水水位位于设计桩顶以下 16 m 左右。

本构模型：桩采用线弹性模型，土体采用 Mohr-Coulomb 模型。地层模量参照实际勘察资料取值，如表 5.2-1 和表 5.2-2 所示，泊松比 0.25，并根据其所在深度的自重应力进行计算模量修正。桩的弹性模量取 32 GPa，泊松比 0.2，并简化为二维条件下的模量。

表 5.2-1　模型一桩基对应的主要参数

分层编号	土 质	地层编号	分层厚度/m	深度/m	$E_{s0.1~0.2}$
1	中　砂	③$_9$	7	0~7	15
2	粉质黏土	③$_{21}$	3	7~10	5.2
3	细　砂	④$_8$	2	10~12	12
4	中　砂	④$_9$	4	12~16	18
5	中　砂	④$_{21}$	4	16~20	6.3
6	粉质黏土	④$_9$	4	20~24	18
7	中　砂	④$_{14}$	12	24~36	23
8	砾　砂	④$_8$	4	36~40	12
9	细　砂	④$_{17}$	4	40~44	26
10	粗圆砾土	⑦$_2$	3	44~47	12
11	细　砂	⑦$_1$	3	47~50	11.9
12	黏　土	⑦$_2$	8	50~58	12
13	细　砂	⑦$_1$	42	58~100	11.9

表 5.2-2　模型二桩基对应的主要参数

分层编号	土 质	地层编号	分层厚度/m	深度/m	$E_{s0.1~0.2}$
1	细　砂	③$_8$	3	0~3	5.2
2	粉　土	③$_{31}$	4	3~7	7.8
3	粉质黏土	③$_{22}$	1	7~8	5.7
4	粉　土	③$_{22}$	4	8~12	8
5	粉质黏土	③$_{22}$	3	12~15	5.7
6	粉　土	③$_{22}$	10	15~25	5.7
7	粉质黏土	④$_{21}$	12	25~37	7.2
8	粉质黏土	④$_{22}$	4	37~41	8

续表

分层编号	土质	地层编号	分层厚度/m	深度/m	$E_{s0.1-0.2}$
9	粉质黏土	④$_{32}$	1	41~42	7.8
10	粉土	④$_{22}$	2	42~44	8
11	黏土	⑤$_8$	1	44~45	16
12	粉质黏土	⑤$_{21}$	1	45~46	8
13	细砂	⑤$_{31}$	2	46~48	9.6
14	粉土	⑤$_{11}$	1	48~49	10.5
15	粉质黏土	⑤$_{21}$	2	49~51	8
16	细砂	⑤$_8$	6	51~57	16
17	粉土	⑤$_{31}$	2	57~59	9.6
18	粉质黏土	⑤$_{21}$	41	59~100	8

模型在竖向取为桩长的 2~3 倍，深度 100 m，宽度 100 m。

桩基荷载根据实际情况确定，模型一承担荷载 1 960 t，模型二承担荷载 1 850 t。

桩基主要参数按实际工程取值，如表 5.2-3 所示。

表 5.2-3 桩基主要参数

模型	桩长/m	桩间距/m	桩径/m	备注
模型一	28	3	1	水位位于桩尖以下
模型二	45	2.8	1	水位位于桩尖以上

桩土界面建立库仑摩擦模型的接触关系，根据钻探资料和剪切试验结果，估算其摩擦系数近似取为 0.3。

分析过程分为两步，第一步为平衡初始地应力场和竖向荷载，第二步为分析水位变化的影响，获取不同水位变化条件下的桩顶平面变形。

假设地质分层均匀，不存在异常情况，地下水位均匀下降，地层中不存在承压水情况。

模型一和模型二的有限元模型及典型结果云图如图 5.2-1~图 5.2-6 所示。

图 5.2-1 有限元模型（模型一桩长 28 m）

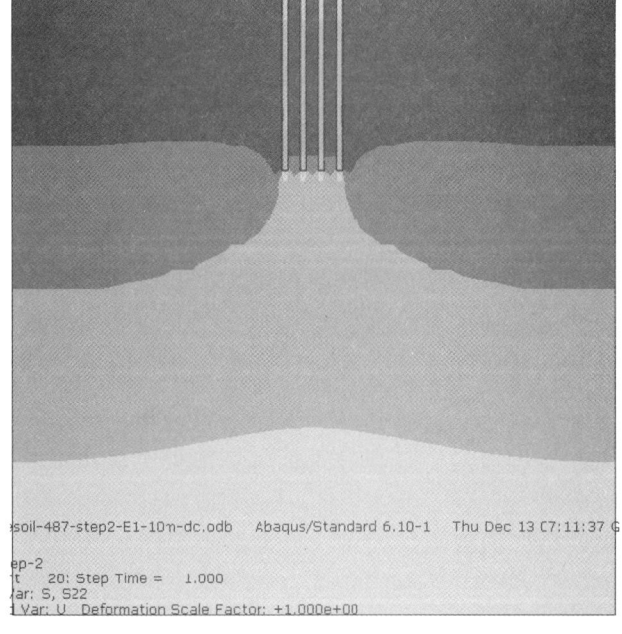

图 5.2-2 地下水引起的竖向应力云图（模型一桩长 28 m）

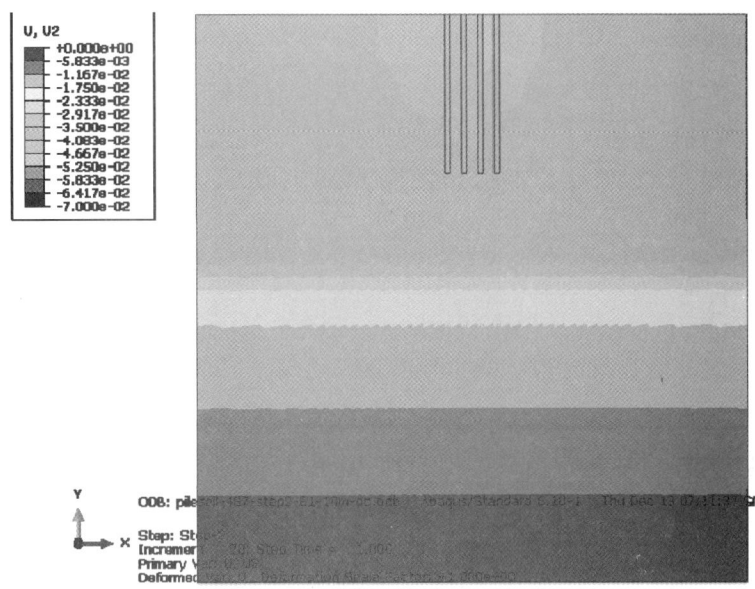

图 5.2-3　地下水引起的竖向位移云图（模型一桩长 28 m）

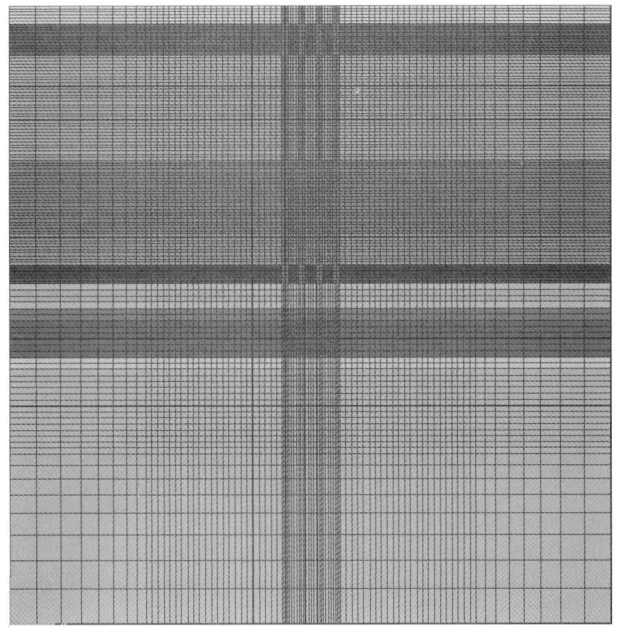

图 5.2-4　有限元模型（模型二桩长 45 m）

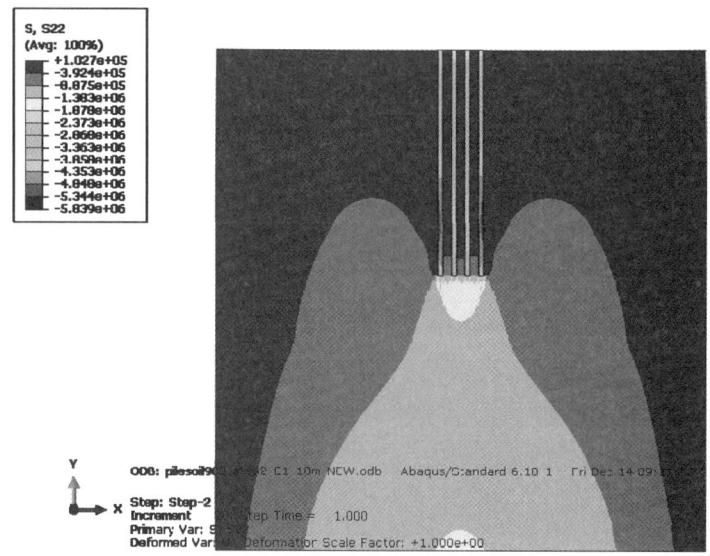

图 5.2-5 地下水引起的竖向应力云图（模型二桩长 45 m）

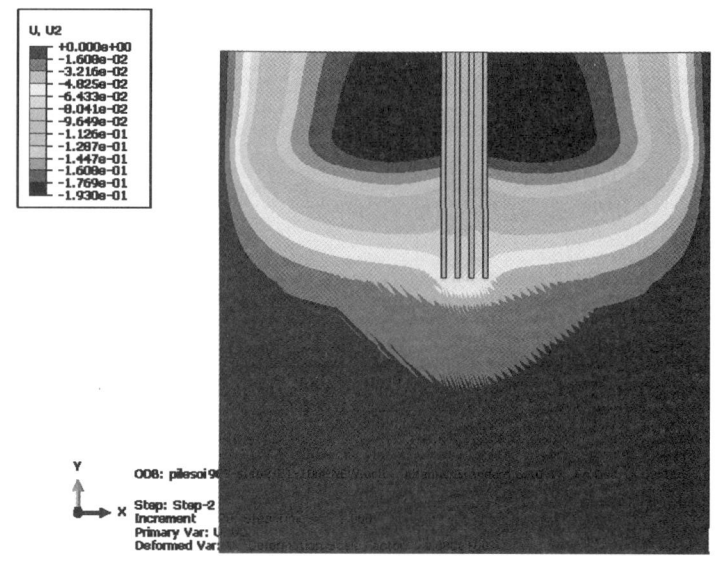

图 5.2-6 地下水引起的竖向位移云图（模型二桩长 45 m）

2. 分析结论

根据有限元数值模拟结果，我们可以看出：

（1）模型一桩基在下卧层下降水位，应力增大主要位于下卧层，沉降主要发生在下卧层，桩顶平面沉降较为均匀。

（2）模型一桩基地下水位从桩顶下方 38 m 处水位分别下降 1 m、5 m、10 m、15 m 时，桩顶产生的沉降分别为 7.9 mm、26.1 mm、39.4 mm、47.9 mm。

（3）模型二桩基在桩基区域下降水位，应力增大主要位于桩基区域，由于群桩效应，承台桩顶沉降略小于承台外土体沉降。

（4）模型二桩基地下水位从桩顶下方 16 m 处下降 1 m、5 m、10 m、15 m 时，桩顶产生沉降分别为 8.3 mm、39.6 mm、78.5 mm、116.7 mm，地面沉降分别为 20.2 mm、100.9 mm、180.3 mm 和 240.3 mm。

由此可见，地下水位在桩基范围内的变化对桩基沉降影响很大，应控制在桩基范围内持续降低。

5.2.2 地下水变化对桥梁单桩承载力的影响分析

对于桥梁桩基而言，地基地下水位下降将影响单桩承载力。在水位下降附加应力发生变化的条件下，以某桥梁桩基为例，采用 ABAQUS 有限元软件对单桩承载力的特性进行分析。

1. 分析模型与假设

本构模型：桩采用线弹性模型，土体采用 Mohr-Coulomb 模型，计算模型采用轴对称进行分析。模型的主要参数如表 5.2-4 所示。

边界条件：模型底部径向和竖向位移均约束，模型外侧的径向位移约束。

桩土界面建立库仑摩擦模型的接触关系，其摩擦角 δ 为

$$\delta = \arctan[\sin\varphi' \times \cos\varphi' / (1+\sin^2\varphi')]$$

式中 φ' 为土体的摩擦角，故 $\delta=0.33$。

桥梁桩基大部分采用的桩长为 20～50 m，设计单桩承载力为 2 000～5 000 kN。故而模型取桩长分别为 20 m 和 50 m，其对应的单桩承载力分别超过 2 000 kN 和 4 000 kN。

表 5.2-4　模型主要参数

类别	弹性模量 E/MPa	泊松比 μ	凝聚力 c/kPa	内摩擦角 φ/(°)	减胀角 ψ/(°)
桩	2.8×10^4	0.167	—	—	—
加固区	2～50	0.35	10	20	0.1
持力层	100～300	0.3	0.1	35	10

分析过程分为三步，第一步为初始应力场的平衡，第二步为桩顶施加单桩设计荷载，获取在设计荷载条件下的变形，第三步为水位或模量的变化，获取在变条件下的变形。由于单桩在极限承载力条件下的变形基本呈线性变化，故而分析第三步的计算变形占第二步的比例即为水位和模量变化的影响程度。

桩长 20 m 和 50 m 的有限元模型如图 5.2-7 和图 5.2-8 所示，桩径分别取为 0.75 m 和 1.0 m。模型在竖向取为桩长的 2 倍，在径向取为桩长的 1 倍。

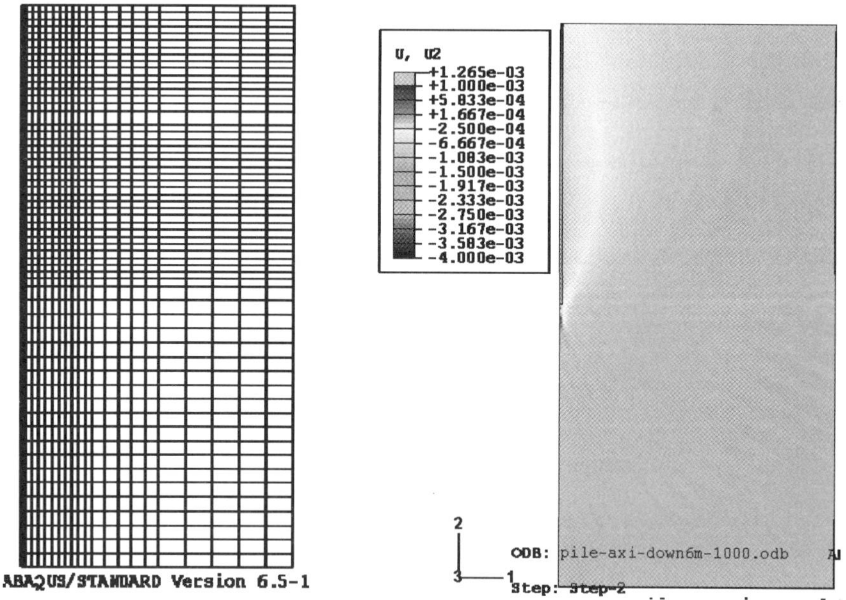

（a）网格划分　　（b）典型位移云图

图 5.2-7　有限元模型（桩长 20 m）

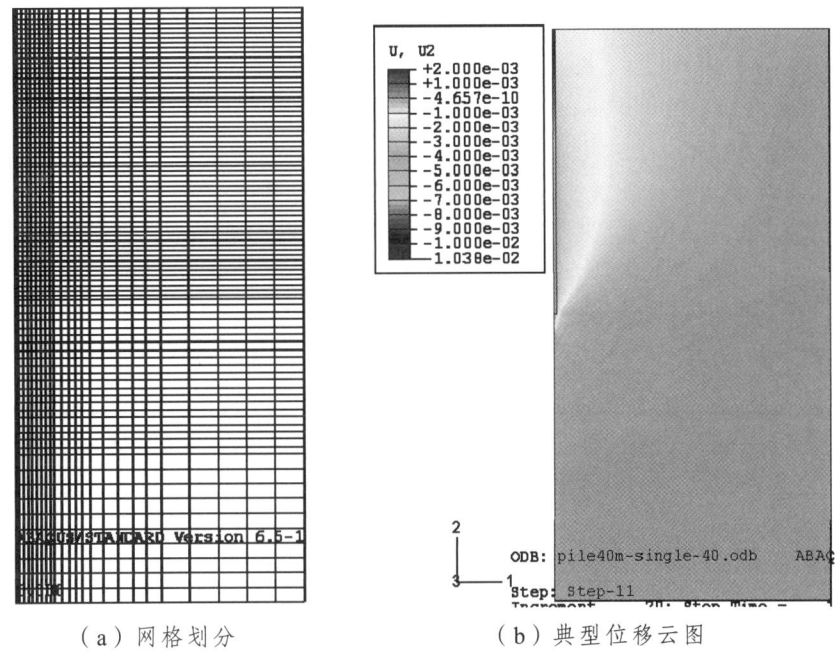

(a)网格划分　　　　　　　(b)典型位移云图

图 5.2-8　有限元模型(桩长 50 m)

2. 单桩承载力特性

当持力层模量为 2 000 MPa 和加固区模量为 2 MPa、5 MPa、10 MPa、20 MPa、30 MPa、40 MPa 和 50 MPa 条件下,桩长为 20 m 和 50 m 的单桩试验曲线分别为图 5.2-9 和图 5.2-10。计算结果表明,两种桩长的承载力特征值分别超过 3 000 kN 和 5 000 kN。

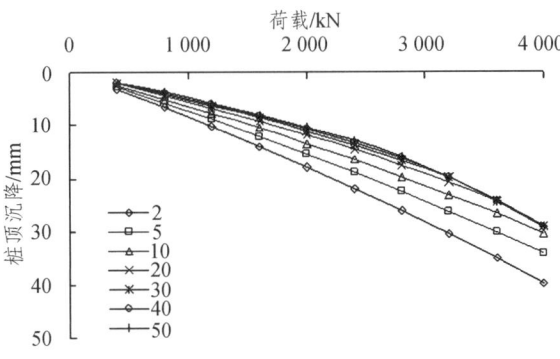

图 5.2-9　单桩试验曲线(桩长 20 m)

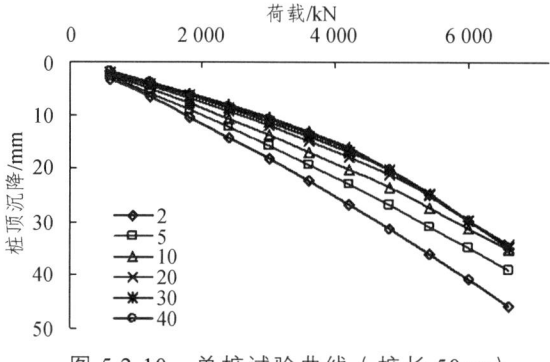

图 5.2-10　单桩试验曲线（桩长 50 m）

分析中，对两桩分别施加 2 000 kN 和 3 500 kN 的竖向荷载，再施加由水位变化引起的附加荷载。由于在单桩试验荷载-沉降曲线中，作用荷载不超过承载力特性值时变形基本维持线性，在确保产生的总变形基本在弹性范围内的前提下，对比当水位发生变化产生的变形占前述荷载条件下变形的比例，以分析单桩承载力的变化。

3. 水位变化的影响

对于地基中水位的变化采用容重的变化来实现，即水位下降意味着由浮容重变化为湿容重，初始水位位于地基面。分析时，水位变化从地基面开始，变化深度分别为上部 2 m、3 m、4 m、5 m、6 m、8 m、10 m 和 15 m，在不同加固区模量条件下，水位变化引起的变形占竖向荷载（桩长 l=20 m 时，荷载为 2 000 kN）引起变形的比例如图 5.2-11（持力层模

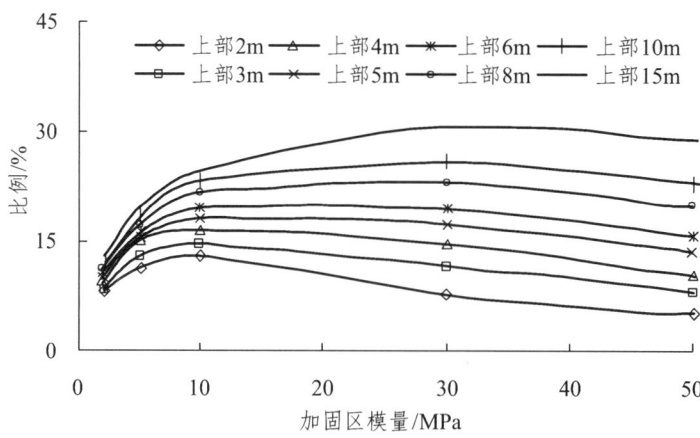

图 5.2-11　水位变化引起的变形比例（M_c=300 MPa，l=20 m）

量 M_c=300 MPa）和图 5.2-12（M_c=100 MPa）所示。从图中可知，加固区水位变化对桩顶变形具有很大影响，总体上，水位降低深度越大，水位变化引起的变形比例越大。

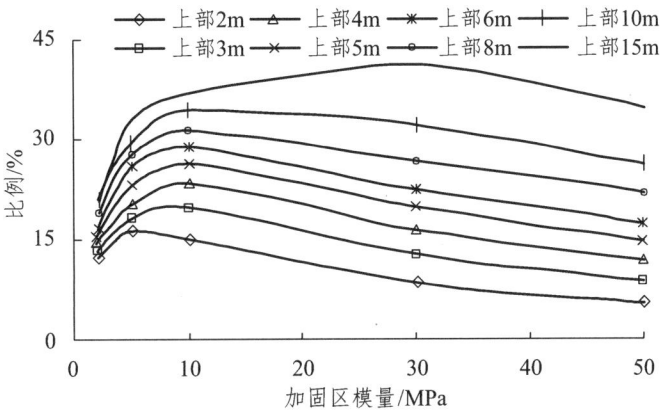

图 5.2-12　水位变化引起的变形比例（M_c=100 MPa，l=20 m）

当在水位下降上部 2 m 深度时，M_c=300 MPa 和 M_c=100 MPa 对应的变形比例最大达到了 12.9%和 16.2%，当在水位下降上部 10 m 深度时，M_c=300 MPa 和 M_c=100 MPa 对应的变形比例最大达到了 25.8%和 34.5%。同时，对于下降相同水位深度时，变形比例随着加固区模量的增大而增大，超过 10 MPa 后随着模量增大而有所减小。

图 5.2-13 和图 5.2-14 为桩长 50 m 的变形比例，变化趋势基本一致，相同参数条件下，比例有所减小，当上部下降 2 m 时，比例最大达到 9.2%。

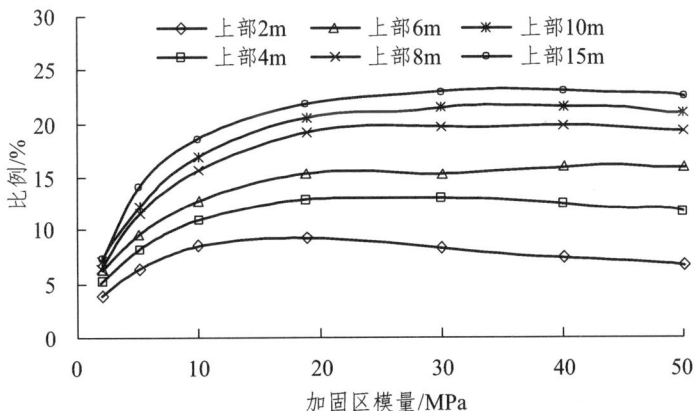

图 5.2-13　水位变化引起的变形比例（M_c=300 MPa，l=50 m）

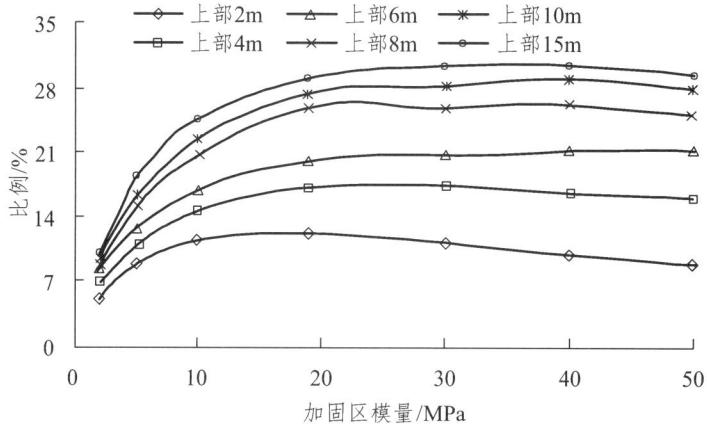

图 5.2-14　水位变化引起的变形比例（M_c=100 MPa，l=50 m）

4. 分析结论

在本假定计算条件下（持力层模量 100 MPa 和 300 MPa，加固区模量 2～50 MPa）对地下水位变化引起的变形进行数值分析，得到如下结论：

（1）地下水位降低深度越大，水位变化引起的变形占设计荷载引起变形的比例越大。

（2）当地下水位一次性从地面下降 2 m，对于持力层模量 M_c=300 MPa、桩长为 20 m 和 50 m 对应的单桩承载力最大将分别降低设计荷载的 12.9% 和 9.2%。

5.2.3　地下水变化对桥梁结构的影响分析

近年来由于超量开采地下水等人为活动，我国华北和长三角地区出现了较多的地面沉降区域及漏斗区。多条高速铁路经过地面沉降区域，受区域沉降和漏斗区的影响，部分桥梁墩（台）出现了较大沉降，其中相邻桥墩（台）的差异沉降已超过规范限值，差异沉降使底座板产生纵向附加力，进而影响桥上纵连轨道结构的安全性和耐久性；尤其对于连续梁，差异沉降引起结构内力重分配，影响结构的使用功能，产生一系列结构安全问题，给高速铁路运营安全带来隐患。以下主要分析地下水变化引起沉降对连续梁受力的影响。

本构模型：桥梁采用三维实体模型，计算时采用线弹性本构关系来描述混凝土的受力情况，为减少计算时间，计算模型截取 128 m 长的桥梁进行分析，桥上铺设博格无砟轨道板。模型的主要参数如表 5.2-5 所示。

边界条件：模型在桥截面底部每隔 32 m（即桥墩位置处）沿径向和竖向位移均被约束，模型两侧截面采用沿线路方向对称设置。

表 5.2-5　模型主要参数

类　别	弹性模量 E/MPa	泊松比 μ
梁　体	3.0×10^4	0.167

分析过程分为两步，第一步为自重应力及桥面上覆荷载，第二步为在墩台设置位移，支座下沉量分别取 1 mm、5 mm、10 mm 和 20 mm，计算两个分析步骤下的梁体底部所受的最大拉应力，分析支座下沉量增加的拉应力占梁体自重及上覆荷载引起的比例。

有限元模型和桥梁底部由支座下沉引起的最大拉应力云图如图 5.2-15 所示。

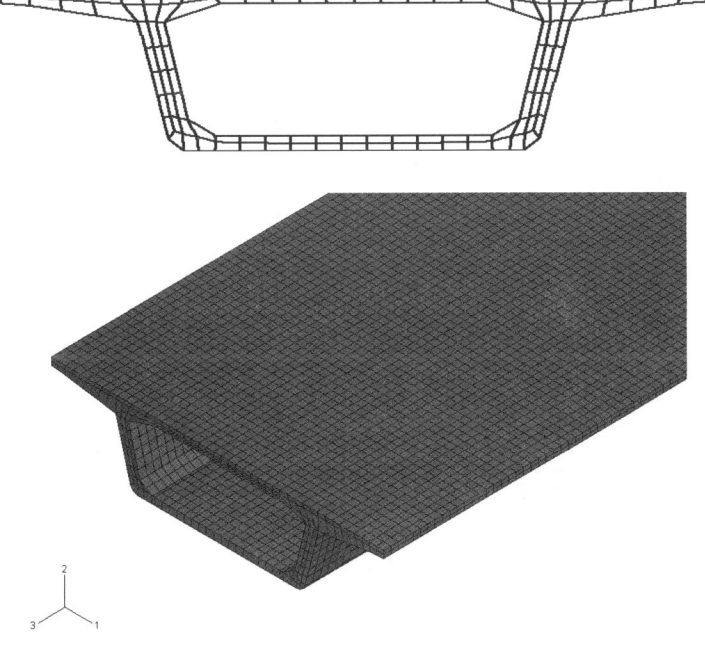

（a）网格划分

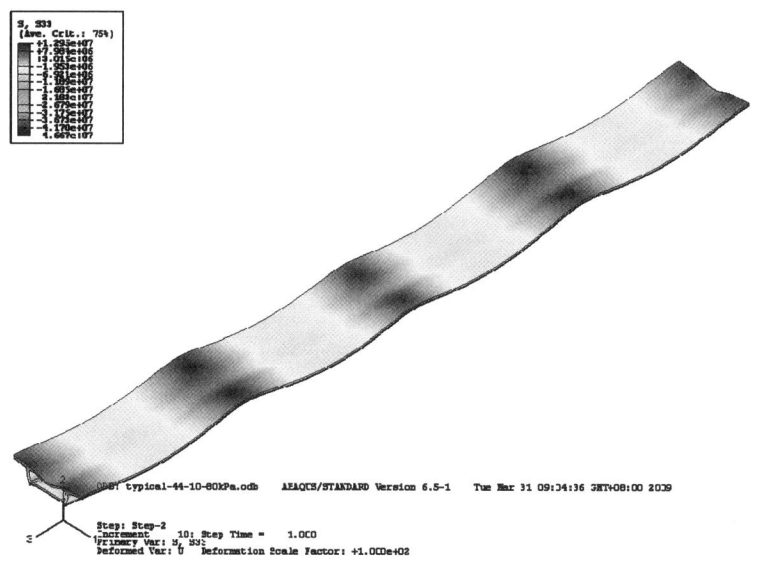

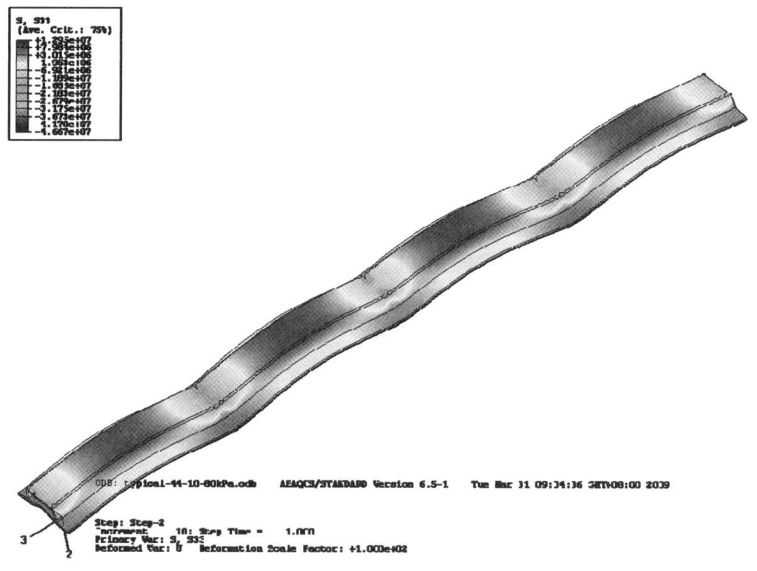

（b）桥截面顶面和底部最大拉应力典型云图

图 5.2-15　有限元模型

对支座下沉量分别为 1 mm、5 mm、10 mm 和 20 mm 时梁体底部最大拉应力增量与自重及上覆荷载引起的拉应力比较，最大拉应力增大的百分比与支座下沉量关系如图 5.2-16 所示。

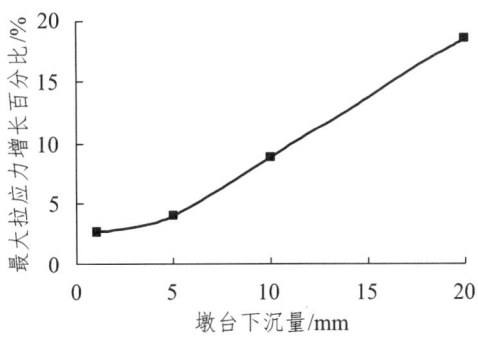

图 5.2-16　梁体最大拉应力增大百分比与支座下沉量关系

可以看出，支座处下沉量引起的梁体最大拉应力增量占其在自重及上覆荷载作用下的拉应力比值与支座下沉量关系基本呈线性关系，当支座下沉量为 5 mm 时，百分比约为 4.2%。

5.3　地面沉降对高速铁路线路和轨道工程的影响

5.3.1　地面沉降对线路竖曲线的影响

在线路纵断面的变坡点处设置的竖向圆弧称为竖曲线。常用的竖曲线线形有抛物线形和圆弧形两种，目前主要采用圆弧形竖曲线。竖曲线分为凸形和凹形两种。凸形的竖曲线的视距条件较差，需选择适当的半径以保证行车安全，向上的竖向离心力，使车辆有上浮倾向，在横向力作用下，容易产生脱轨事故。凹形的竖曲线，视距一般能得到保证，但会产生离心力，因此应选择适当的半径来控制离心力不要过大，以保证行车的平顺和舒适。

目前规定，在允许的最大沉降的条件下，调整轨面高程后的竖曲线半径应能满足下式要求：

$$R_{sh} \geqslant 0.4V_{sj}^2 \tag{5.3-1}$$

式中 R_{sh}——轨面圆顺的竖曲线半径（m）；

V_{sj}——设计最高速度（km/h）。

因竖曲线为圆弧曲线，为便于计算，各种倾斜的坐标系总可以通过坐标旋转利用图中的坐标系来表达，a 为半弦长，b 为弧高，如图 5.3-1 所示。

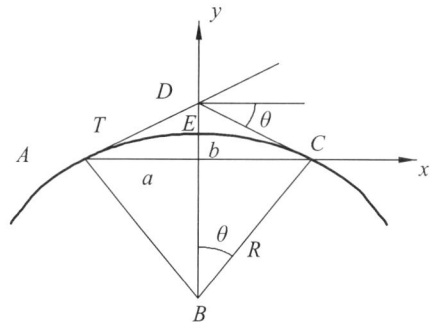

图 5.3-1 竖曲线示意图

$$T \approx L = R\theta, \quad E = \frac{T^2}{2R} \approx \frac{R\theta^2}{2}$$

由
$$\tan\theta = \frac{E+b}{a}, \quad \theta \approx \tan\theta$$

可得
$$a\theta = \frac{R\theta^2}{2} + b$$

则
$$\theta = \frac{a \pm \sqrt{a^2 - 2bR}}{R}$$

由图可得 $R = R\cos\theta + b$，变换得到 $R\theta^2 = 2b$，则 $\theta = \sqrt{\dfrac{2b}{R}}$。

联立以上两个解可得 R 与 a、b 的表达式：$R = \dfrac{a^2}{2b}$。因此，竖曲线半径 R 随 a 呈平方增大，随 b 呈反比变化。对于凹形的竖曲线也可以得到同样的表达式。

利用以上推导，计算在不利的情况下，即由于竖曲线中部产生相对于两端部较小的沉降，导致 b 值增大，使竖曲线半径减小。下面为分别

计算在 a、b（a、b 的几何意义见图 5.3-1）变化条件下，对 R 的影响。图 5.3-2 为 a 对应 b 增大 5%、10%、20%、30%、40%、50%、100%、200% 和 300%对竖曲线 R 产生的影响；图 5.3-3 为 b 对应 a 减小 5%、10%、20%、30%、40%和 50%对 R 的影响。

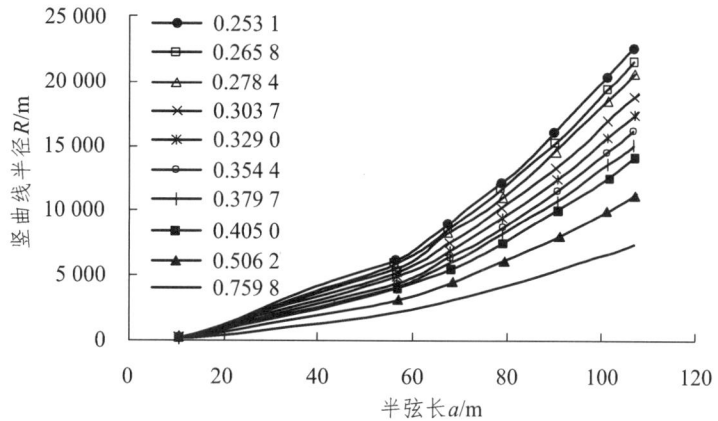

图 5.3-2　不同弧高时竖曲线与半弦长关系

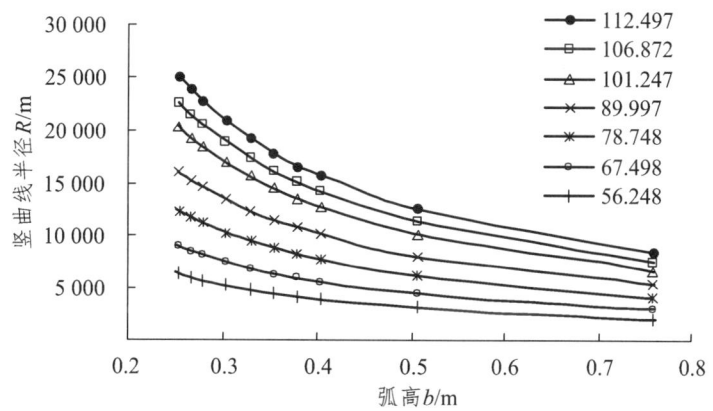

图 5.3-3　不同半弦长时竖曲线与弧高关系

对于凸曲线而言，R 值推算与实际符合。a 为 A、D 之间的距离，为半弦长，b 为 C、D 之间的距离，为弧高。S_f 为 A 点的实际沉降，S_{vc} 为 S_f 在垂直于 AB 方向的分解量，S_{hc} 为沿 AB 方向的分解量（如图 5.3-4 所示）。

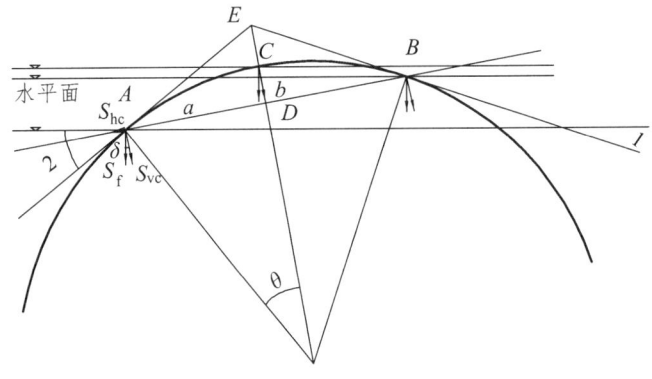

图 5.3-4 凸竖曲线示意图

由几何关系可以得到

$$\theta = (\angle 1 + \angle 2)/2$$
$$\delta = (\angle 2 - \angle 1)/2$$

则变化后的 a' 值和 b' 值分别为

$$a' = a + (S_{hcA} - S_{hcB})$$
$$b' = b - [S_{vcC} - (S_{vcA} + S_{vcB})/2]$$

其中，S_{vcA}, S_{vcB}, S_{vcC} 和 S_{hcA}, S_{hcB}, S_{hcC} 后面的 A、B、C 为分别对应于 A、B、C 处的沉降分量，可以由 δ 角度和原位沉降 S_f 换算得到。

然后把 a' 值和 b' 值代入公式 $R = \dfrac{a^2}{2b}$，即可计算变化后的 R 值。

对于凹曲线也可以由同样的方法计算得到变化后的 a、b、R 值。

若在竖曲线长度范围内，地面沉降对于竖曲线来讲是均匀的，不至影响竖曲线的线形，且不产生差异沉降，则对线路的影响是微小的。

若在竖曲线长度范围内，表现出来的沉降是不均匀的，会在线路上形成新的变坡点，车辆通过时，振动和局部加速度的增大会使乘车舒适度降低并会进一步恶化线路的运营条件。

由于在变坡点处车辆的通过易产生大的振动和加速度，对线路造成冲击，会对竖曲线产生影响。

对于凹形的竖曲线，地面沉降可能会产生以下 4 种不同的影响：第一，在竖曲线的变坡处如果发生相对于两端大的沉降，会使竖曲线半径减小，圆心移动，竖曲线长度减小；第二，竖曲线端部产生相对于变坡处较大的变形，这时可能使竖曲线的半径增大，长度增大，圆心移动；第三，端部局部发生大的变形，可能会在端部形成两个半径较小的竖曲线，中部由直线或者大半径的曲线相连；第四，一端产生相对另一端较大的变形，会形成大半径的竖曲线，竖曲线长度可能会减小，圆心位置发生移动。

对于凸形的竖曲线，地面沉降会有以下 3 种不同的影响：第一，竖曲线整体的逐渐的不均匀沉降会使竖曲线圆心、半径、长度都发生变化；第二，竖曲线中部产生较大变形，会在端部形成两个半径较小的竖曲线，中部由直线或者大半径的曲线相连，也有可能形成一条大半径竖曲线；第三，端部产生大变形，竖曲线半径减小，圆心移动，曲线长度变短。

5.3.2 地面沉降对轨道工程的影响

1. 板式无砟轨道不均匀沉降力学模型

为分析开采地下水引起的路基不均匀沉降对高速铁路无砟轨道结构的影响，根据 CRTS-Ⅰ型、CRTS-Ⅱ型无砟轨道结构的特点，建立路基发生不均匀沉降情况下钢轨—道床板（轨道板）—底座板（支承层）—路基的力学模型，并确定各结构层的基本参数，为计算分析奠定基础。

1）模型假设

（1）当轨道板、CA 砂浆层与桥上底座板（或路基上支承层）三个结构层之间未出现脱空时，始终紧密接触，三者之间变形协调。

（2）模型中各结构层均符合线弹性、均匀性、各向同性假设。

（3）计算时不考虑裂缝问题，因此建模时不单独考虑钢筋问题，而直接将轨道板材料属性定义为钢筋混凝土，轨道板模拟为形状规则的矩形板，且不考虑轨道板预裂缝对结构的影响。

（4）本构模型采用莫尔-库仑理想弹塑性模型。

（5）强度准则：莫尔-库仑强度准则。

（6）假设土体材料不承受拉力。

2）路基-轨道不均匀沉降计算模型

目前我国已经形成了以 CRTS-Ⅰ型、CRTS-Ⅱ型和 CRTS-Ⅲ型板式无砟轨道以及 CRTS-Ⅰ型、CRTS-Ⅱ型双块式无砟轨道为主的无砟轨道结构形式。本书选取常用的 CRTS-Ⅰ型与 CRTS-Ⅱ型板式无砟轨道进行模型建立及对比分析。

CRTS-Ⅰ型板式无砟轨道自上而下由钢轨、扣件、预制混凝土轨道板、CA 砂浆层、凸形挡台及树脂填充层、钢筋混凝土底座组成，各部分共同完成对列车的支撑、导向工作，保证列车安全平稳运行。CRTS-Ⅱ型无砟轨道结构，依次由钢轨、扣件、轨道板、CA 砂浆层、支承层组成，与 CRTS-Ⅰ型无砟轨道结构不同，CRTS-Ⅱ型轨道板为先张预应力混凝土预制板，每块轨道板设置 10 对承轨台，在两个相邻的轨道板之间设置横向伸缩缝，且轨道板内配有纵向钢筋网，为纵连板式轨道结构。

当路基没有发生沉降变形时，无砟轨道结构层间连接紧密，受力情况从上至下传递，钢轨直接与车轮接触承受列车荷载的冲击，荷载通过扣件后传至下部的（道床板）轨道板、CA 砂浆和底座板（支承层），最后传至轨下基础。若地下水开采过量引起地面沉降，进而导致路基发生不均匀变形，那么轨道各结构层之间可能出现离缝。列车通过沉降区域时，荷载传至下部结构时，由于沉降区域各结构层产生离缝，层间可能出现拍打现象，将缩短轨道结构的使用寿命。加之地基的沉降通常较大，会使上部结构缺少支撑，导致结构内部产生附加弯矩，若附加弯矩超出了混凝土结构的抗弯强度时，结构发生破坏。

当地下水引起路基下沉变形时，路基与上部轨道结构会出现一定长度的无支承情况。因此，在模拟路基沉降时，沉降区域选择非线性弹簧 COMBIN39 模拟，通过设置非线性弹簧使其在基础非接触区域内支承刚度为零，从而能够较好地模拟路基不均匀沉降条件下结构层跟随路基沉降时的受力情况，路基不均匀沉降模型如图 5.3-5 所示，图中的不均匀沉降采用余弦型沉降曲线作为地面沉降参数。模拟地基沉降的弹簧单元刚度由地基弹性模量和模型扣件间距决定，并通过设置实常数使其只承受压力。非线性弹簧的 D-F 曲线如图 5.3-6 所示，其中 f 由非线性弹簧所在不均匀沉降区域中的位置确定。为了避免沉降折角处出现局部应力集中，更真实地模拟地面沉降情况，计算模型中沉降波长为 22 m，只提取中间 20 m 波长进行数据分析。

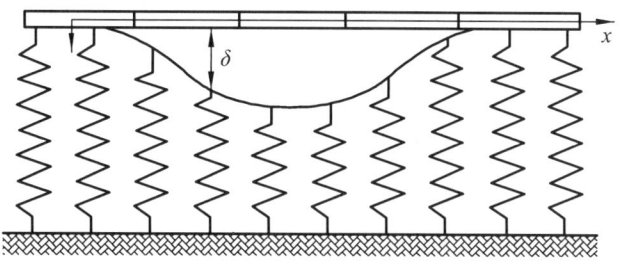

图 5.3-5　路基不均匀沉降模模型图

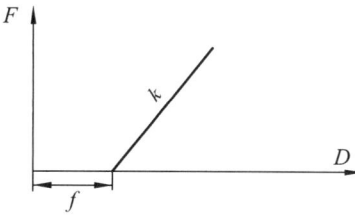

图 5.3-6　模拟不均匀沉降的非线性弹簧 D-F 曲线

2. 评价指标

轨道结构是一个较大的整体系统，各轨道构件相互协作，共同完成对列车的支撑、引导工作。当不均匀沉降发生时，轨道结构各部件对沉降的敏感性及耐受能力均不同。因此，有必要对轨道系统中各部件的各性能参数进行区分，从而进一步有针对性地进行沉降对轨道结构影响的分析、研究。

在分析不均匀沉降对高速铁路无砟轨道结构受力的影响时，假设沉降引起的轨道下沉量未超过扣件的调节范围，故不考虑分析扣件及钢轨的受力。道床板（轨道板）及底座板（支承层）均为混凝土结构，压应力超限的可能性不大，因此选取拉应力作为评价指标。CA 砂浆在轨道结构中起到了局部缓冲协调、阻断裂纹等功能，为保证其不开裂且正常使用，对砂浆抗拉、压强度提出一定的要求。此外吊空对轨道结构的影响不容忽视，也作为一项控制因素。

1）混凝土结构拉应力限值

由《混凝土结构设计规范》(GB 50010—2010) 确定混凝土底座板和道床板的强度指标如表 5.3-1 所示。

表 5.3-1　混凝土结构强度指标

种类	混凝土强度等级											
	C15	C20	C25	C30	C35	C40	C45	C50	C55	C60	C65	C70	C75
f_{ck}	10.0	13.4	16.7	20.1	23.4	26.8	29.6	32.4	35.5	38.5	41.5	44.5	47.4
f_{tk}	1.27	1.54	1.78	2.01	2.20	2.39	2.51	2.64	2.74	2.85	2.93	2.99	3.05

CRTS-Ⅰ型无砟轨道支承块的强度等级为 C50，混凝土整体道床的强度等级为 C40。CRTS-Ⅱ型无砟轨道轨道板的强度等级为 C55，混凝土整体道床的强度等级为 C30。CRTS-Ⅰ型无砟轨道混凝土支承块的最大允许拉应力为 2.64 MPa；混凝土整体道床受力的最大允许拉应力为 2.39 MPa；CRTS-Ⅱ型无砟轨道混凝土轨道板的最大允许拉应力为 2.74 MPa；混凝土支承层受力的最大允许拉应力为 2.01 MPa。

2）CA 砂浆拉、压应力限值

低弹模 CA 砂浆的主要功能在于施工调整、局部缓冲协调、阻断裂纹等。为保证砂浆正常使用，须保证砂浆在列车及环境的共同作用下不开裂，因此，对砂浆抗拉、压强度提出一定的要求，不同砂浆弹性模量时的拉、压应力如表 5.3-2 所示。

表 5.3-2　不同弹性模量 CA 砂浆拉、压应力限值

CA 砂浆弹性模量/MPa	CA 砂浆压应力/MPa	CA 砂浆拉应力/MPa
50	0.495	0.206
100	0.622	0.307
200	0.819	0.466
500	1.258	0.820
1000	1.747	1.275

本模型中，Ⅰ型板 CA 砂浆弹性模量取 300 MPa，Ⅱ型板 CA 砂浆弹性模量取 100 MPa。由表 5.3-2 可得，Ⅰ型板模型 CA 砂浆最大拉、压应力分别为：0.584 MPa、0.965 MPa。Ⅱ型板模型 CA 砂浆最大拉、压应力分别为：0.307 MPa、0.622 MPa。

3）层间吊空限值

根据《高速铁路无砟轨道线路维修规则（试行）》（TG/GW 115—2012）中规定，对于伤损等级为Ⅱ级病害（大于 1.5 mm）列入维修计划并适时

进行维修；对于伤损等级为Ⅲ级病害（大于 2 mm）应及时进行维修处理。因此规定轨道结构吊空最值为：1.5 mm。

3. 路基段不均匀沉降对板式无砟轨道结构的影响

以下分别从应力、变形两方面对不同沉降工况下轨道结构的受力和变形进行评价分析。为了使计算工况更接近实际工况，且计算时在最大限度上消除边界条件，模型中路基上采用 10 mm/20 m、15 mm/20 m、20 mm/20 m、25 mm/20 m 沉降曲线。

1）不均匀沉降对 CRTSI 型板式无砟轨道结构的影响

当路基发生沉降时，轨道各结构层均产生竖向位移。结构变形，进而导致内部产生附加应力，且在沉降转角处易出现应力集中。

（1）轨道结构变形计算及分析

当不均匀沉降波长为 20 m 时，不同沉降幅值情况下，钢轨与轨道板的垂向位移如图 5.3-7 和图 5.3-8 所示。钢轨在地面发生不同沉降幅值下的沉降曲线不同，且最大沉降值随着地面沉降幅值的增大而增大，其沿线路方向的沉降变化与余弦型曲线相似，最大沉降发生在中部，与不均匀沉降波谷所处位置相对应，且沉降最大值近似呈线性关系。不难看出，道床板沉降曲线与钢轨类似，下沉量与沉降幅值也基本呈现出线性关系。

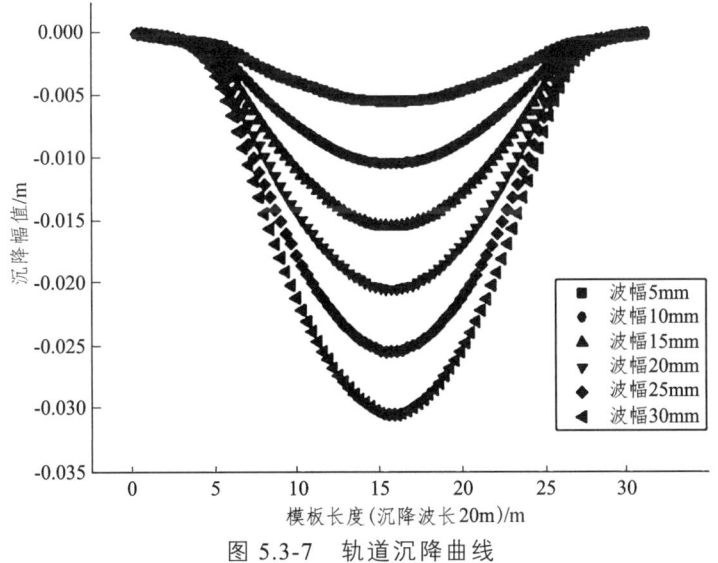

图 5.3-7 轨道沉降曲线

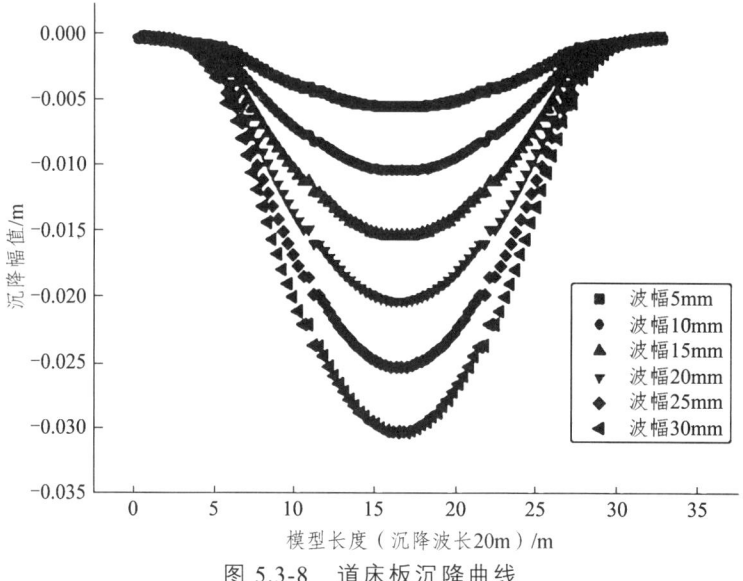

图 5.3-8　道床板沉降曲线

当路基沉降幅值分别为 10 mm、15 mm、20 mm、25 mm 时，无砟轨道各结构层沿线路纵向产生的垂向位移如图 5.3-9 ~ 图 5.3-12 所示。当发生余弦型沉降时，各轨道结构部件均产生相应位移，在沉降范围内，各结构层沉降曲线基本一致，结构层产生的位移差不大。在沉降区域折角处，支承层与砂浆层间易产生较大位移差。

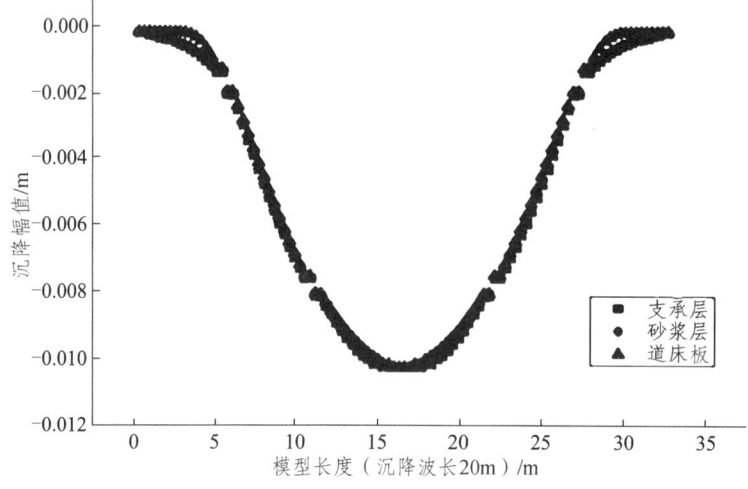

图 5.3-9　10 mm/20 m 沉降时各结构层沉降曲线

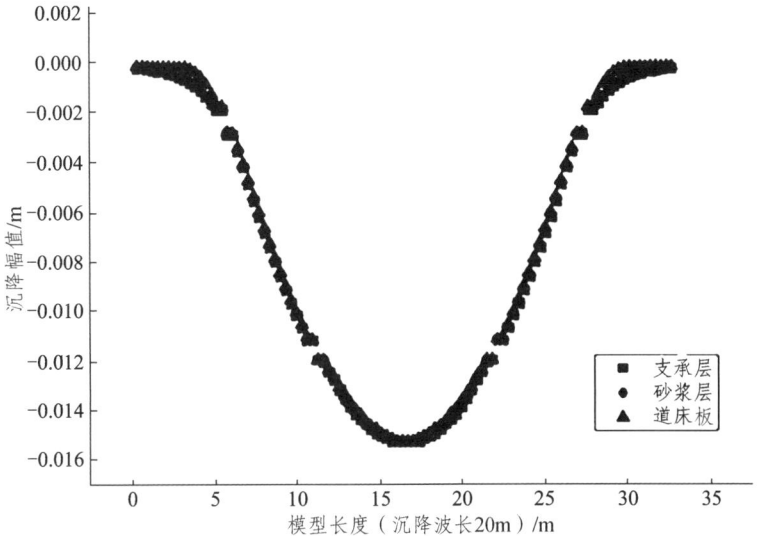

图 5.3-10　15 mm/20 m 沉降时各结构层沉降曲线

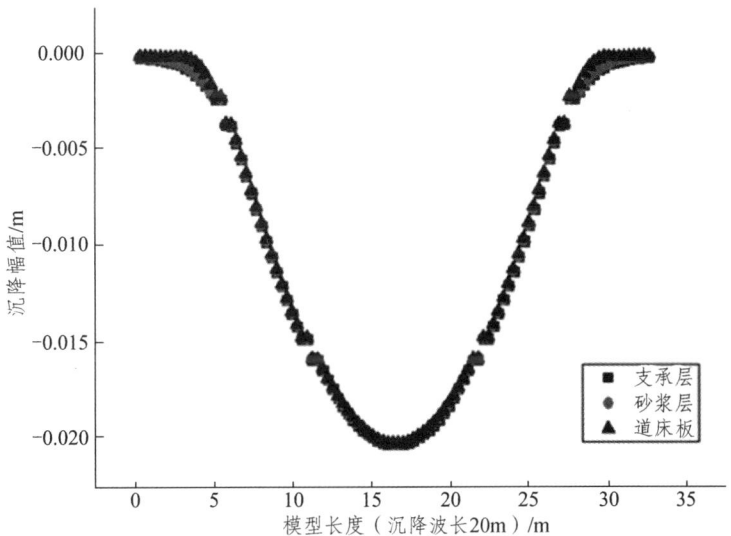

图 5.3-11　20 mm/20 m 沉降时各结构层沉降曲线

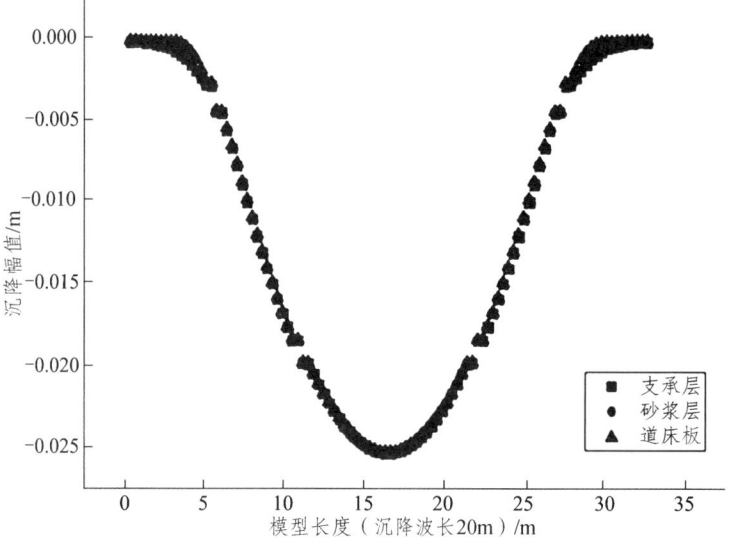

图 5.3-12　25 mm/20 m 沉降时各结构层沉降曲线

由图 5.3-13~图 5.3-16 可得：当路基发生不均匀沉降时，道床板与砂浆层间的沉降位移差值并不大，但砂浆层与支承层之间的跟随性较差，会在板中位置出现较大的吊空量，且随着沉降幅值的增加，吊空量也相应增大。当路基沉降幅值分别为 10 mm、15 mm、20 mm、25 mm 时，结构层间最大吊空量分别为 0.461 mm、0.568 mm、0.673 mm、0.775 mm，均未超出最大吊空限值 1.5 mm。虽然吊空值不大，但吊空范围较广，应注意板中处支承层与砂浆层间的吊空情况，如若情况严重，应立即列入维修计划并及时进行维修。

（2）轨道结构应力计算及分析

由于道床板及支承层均为混凝土结构，压应力超限的可能性不大，因此选取拉应力作为研究指标。分别提取不同沉降工况下，道床板、支承层的沉降中点和折点的纵向拉应力进行对比分析，并绘制图表，如表 5.3-3 所示。

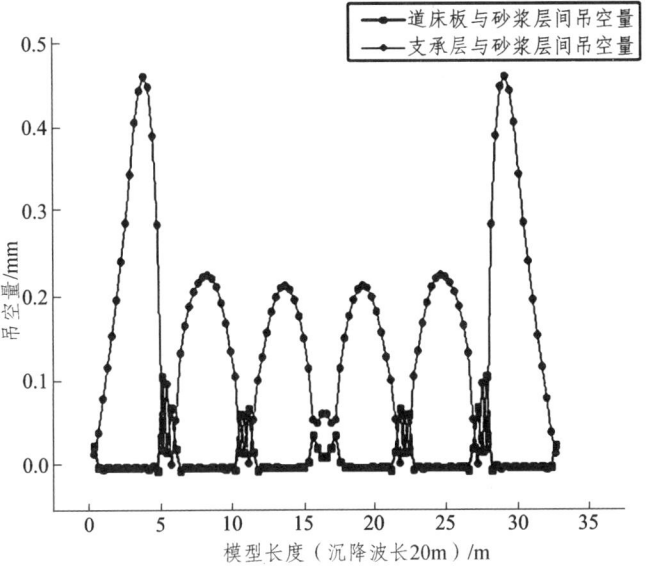

图 5.3-13　10 mm/20 m 沉降时结构层间吊空量

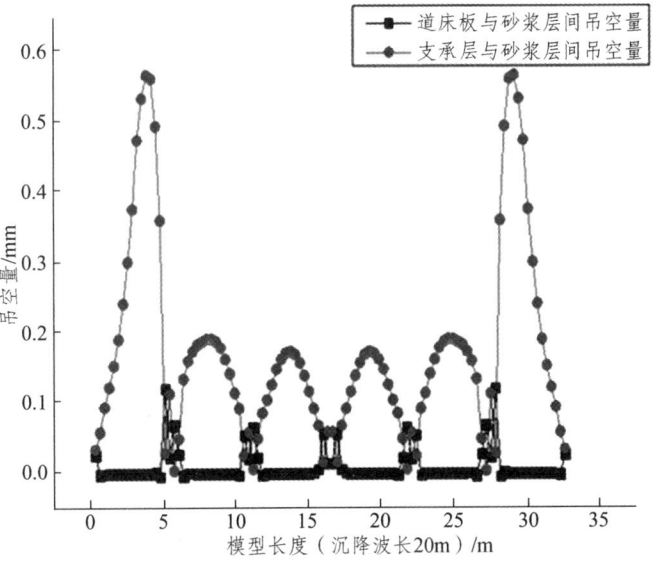

图 5.3-14　15 mm/20 m 沉降时结构层间吊空量

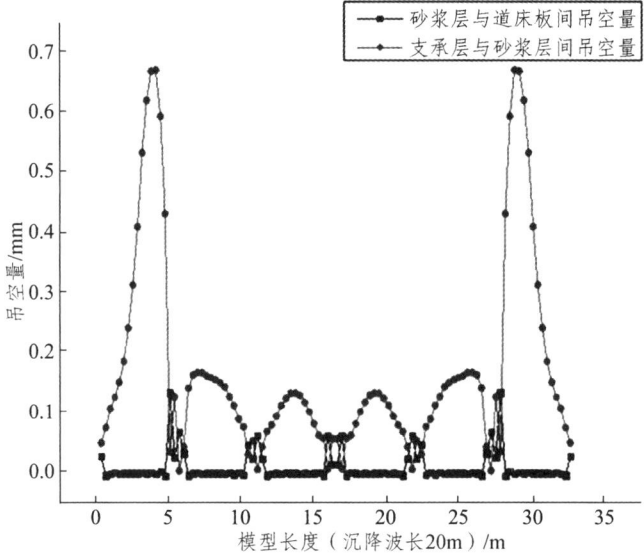

图 5.3-15　20 mm/20 m 沉降时结构层间吊空量

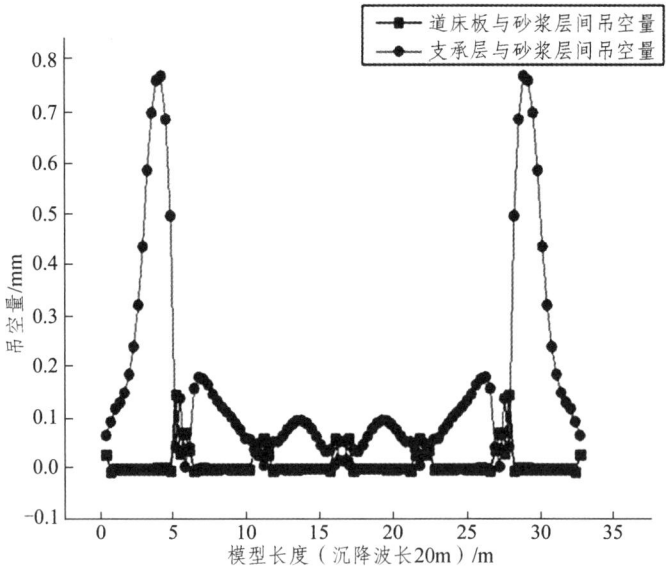

图 5.3-16　25 mm/20 m 沉降时结构层间吊空量

表 5.3-3 不同沉降幅值时轨道结构各层的拉应力情况　　单位：MPa

沉降幅值/mm	道床板折点	道床板中点	支承层折点	支承层中点
10	0.288 39	0.749 59	1.252 50	0.723 17
15	0.402 66	0.912 52	1.857 60	0.979 09
20	0.511 58	1.075 20	2.435 50	1.234 20
25	0.613 65	1.315 50	2.978 80	1.493 10

由图 5.3-17 和图 5.3-18 可知，各结构层内附加应力，随着沉降幅值的增加而增大。因此，当沉降波长不变的情况下，沉降幅值越大，对无砟轨道造成的影响也越大。不同工况下，道床板与支承层上沉降中点应力值均小于折点处应力。因此沉降折点相对于沉降中点附加应力更大。由评价指标可得，CRTS-I 型无砟轨道混凝土支承块的最大允许拉应力为 2.64 MPa；混凝土道床板的最大允许拉应力为 2.39 MPa。由数据可得，当沉降幅值超过 20 mm 时，支承层内拉应力超出允许限值。

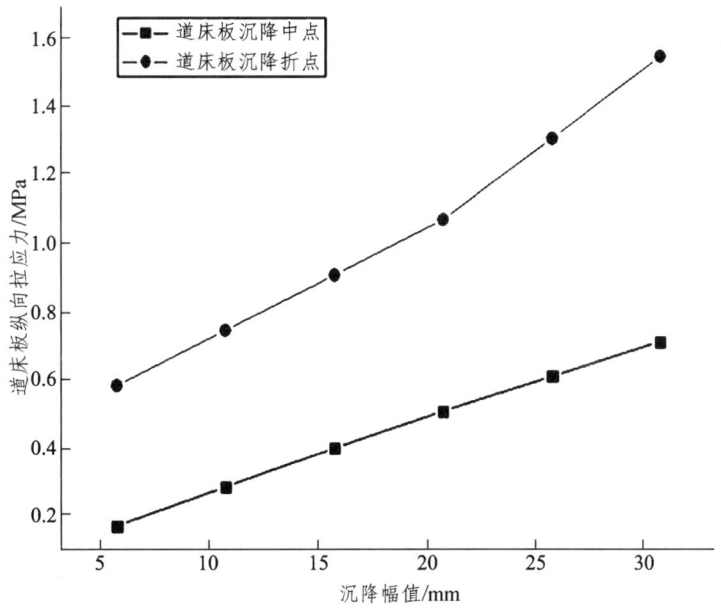

图 5.3-17 不同沉降幅值道床板纵向拉应力

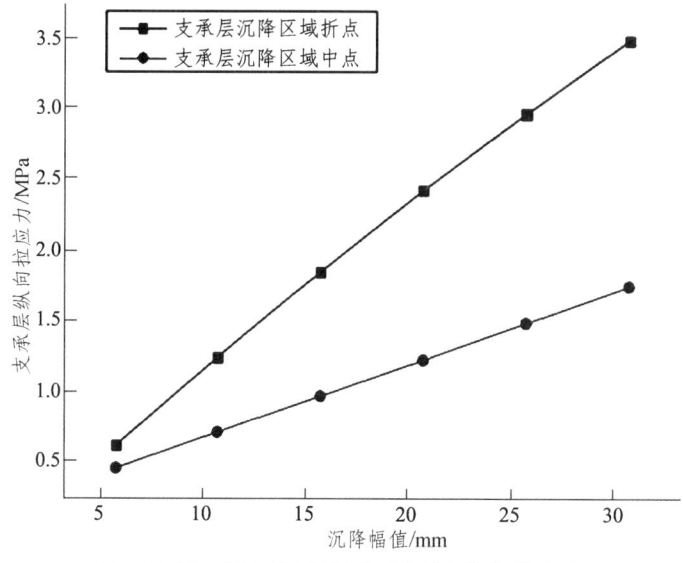

图 5.3-18　不同沉降幅值支承层纵向拉应力

CA 砂浆的主要功能在于施工调整、局部缓冲协调、阻断裂纹等。为保证砂浆正常使用，须保证砂浆在列车及环境的共同作用下不开裂。提取不同沉降工况下，CA 砂浆层纵向拉应力及垂向压应力，如表 5.3-4 所示。

表 5.3-4　不同沉降幅值时 CA 砂浆层纵向拉应力及垂向压应力　单位：MPa

沉降幅值/mm	折点处压应力	折点处拉应力	中点处压应力	中点处拉应力
5	−0.595 80	0.205 14	−0.468 75	0.182 66
10	−0.729 37	0.568 92	−0.603 22	0.203 21
15	−0.861 27	0.930 67	−0.738 92	0.223 68
20	−0.984 49	1.278 60	−0.874 50	0.243 21

Ⅰ型板模型 CA 砂浆最大拉、压应力分别为：0.584 MPa、0.965 MPa。当路基不均匀沉降幅值 15 mm 时，沉降折点处 CA 砂浆拉应力超出限值。当路基不均匀沉降幅值 20 mm 时，沉降折点处 CA 砂浆压应力超出限值。

2）不均匀沉降对 CRTS Ⅱ型板式无砟轨道结构的影响

（1）轨道结构变形计算及分析

当不均匀沉降波长为 20 m 时，不同沉降幅值情况下，钢轨与轨道板的垂向位移如图 5.3-19 和图 5.3-20 所示。

由图 5.3-19 和图 5.3-20 可看出，Ⅱ型板的轨道、轨道板沉降曲线与Ⅰ型板类似，在地面发生不同沉降幅值下的沉降曲线不同，且最大沉降值随着地面沉降幅值的增大而增大，其沿线路方向的沉降变化与余弦型曲线相似，最大沉降发生在中部，与不均匀沉降波谷所处位置相对应。

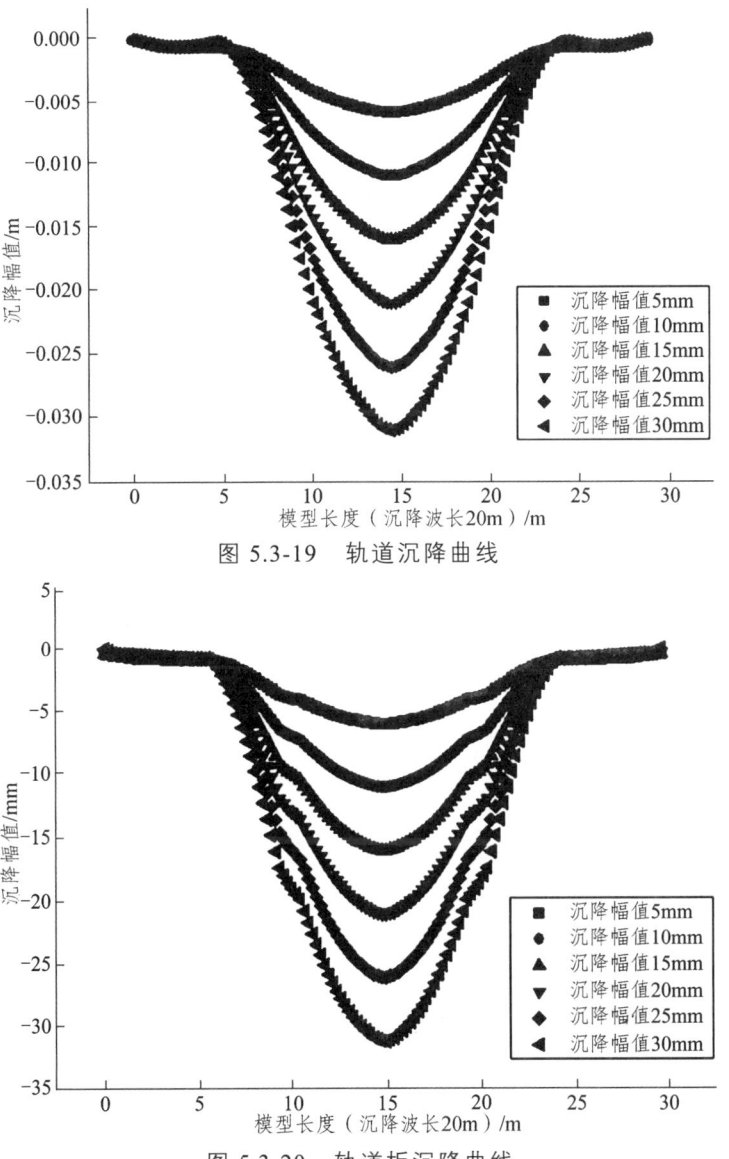

图 5.3-19 轨道沉降曲线

图 5.3-20 轨道板沉降曲线

以 20 mm/20 m 为例，Ⅱ型板式无砟轨道在路基发生 20 mm/20 m 的不均匀沉降时，各结构层沿线路纵向产生的垂向位移如图 5.3-21 所示。由图可知，当发生余弦型沉降时，Ⅱ型板式轨道各部件均产生相应位移，在沉降范围内，各结构层沉降曲线基本一致，结构层产生的位移差不大。与Ⅰ型板不同，Ⅱ型板式轨道最大吊空处发生在沉降区域中部。

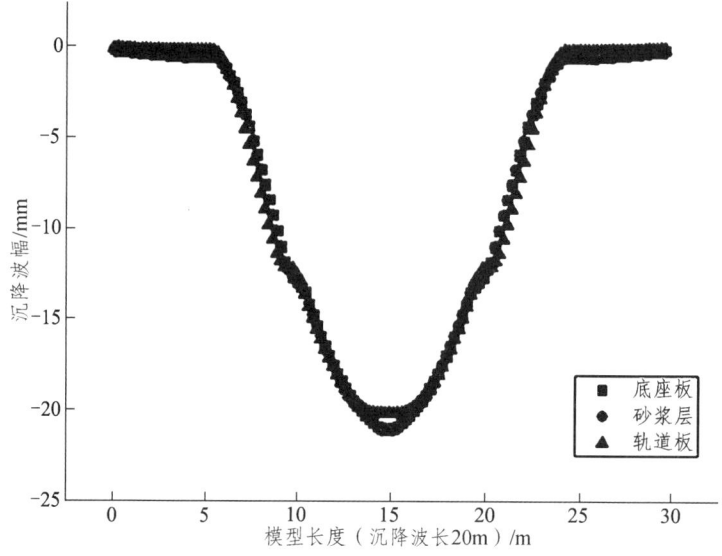

图 5.3-21　20 mm/20 m 沉降时各结构层沉降曲线

为研究结构层间吊空情况，分别选取路基沉降幅值为 10 mm、15 mm、20 mm、25 mm、30 mm，计算各工况吊空量，如表 5.3-5 所示。

由表可知，当路基发生不均匀沉降时，会在沉降区域中部位置出现较大的吊空量，且在沉降区域折角处出现上拱现象。并且沉降中点处的吊空量与沉降折点处的上拱量，均未超出最大吊空限值 1.5 mm。

表 5.3-5　不同沉降幅值时的轨道结构层间吊空情况　　单位：mm

沉降幅值	10	15	20	25	30
折点处上拱量	0.437	0.421	0.408	0.398	0.387
中点处吊空量	0.699	0.787	0.874	0.961	1.403

（2）轨道结构应力计算及分析

由于轨道板及底座板均为混凝土结构，压应力超限的可能性不大，因此选取拉应力作为研究指标。分别提取不同沉降工况下，轨道板、底座板的沉降中点和折点的纵向拉应力进行对比分析,如表 5.3-6 所示。

表 5.3-6　不同沉降幅值时轨道结构各层的纵向拉应力情况　　单位:MPa

沉降幅值/mm	轨道板折点	轨道板中点	底座板折点	底座板中点
10	1.137 50	0.653 46	0.863 34	0.581 63
15	1.719 80	0.807 24	1.287 00	0.857 83
20	2.325 90	0.961 04	1.712 50	1.134 60
25	2.941 40	1.114 60	2.135 00	1.411 60

由图 5.3-22 和图 5.3-23 可知,各结构层内附加应力,随着沉降幅值的增加而增大。因此,当沉降波长不变的情况下,沉降幅值越大,对无砟轨道造成的影响也越大。与 I 型板不同的是,在不同工况下,轨道板与底座板上沉降中点应力值均大于折点处应力,沉降中点相对于沉降中点附加应力更大。由评价指标可得,CRTS-II型无砟轨道混凝土轨道板的最大允许拉应力为 2.74 MPa;混凝土支承层受力的最大允许拉应力为 2.01 MPa。由数据可得,当沉降幅值达到 25 mm 时,轨道板与底座板内拉应力均超出允许限值。

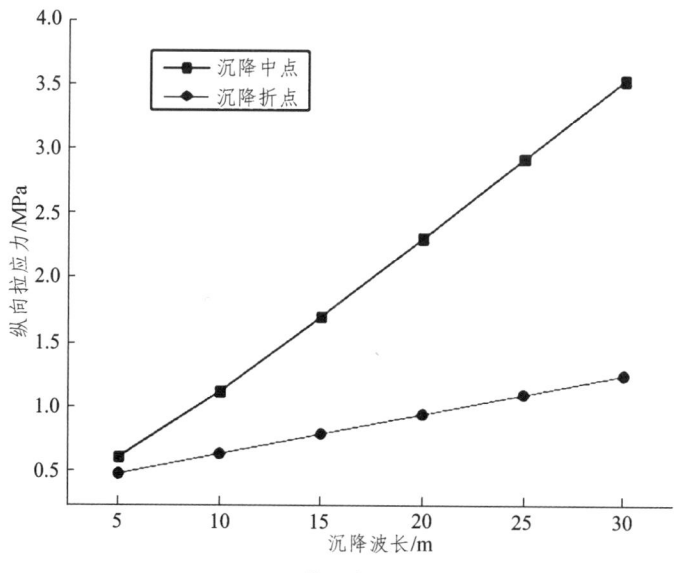

图 5.3-22　轨道板纵向拉应力

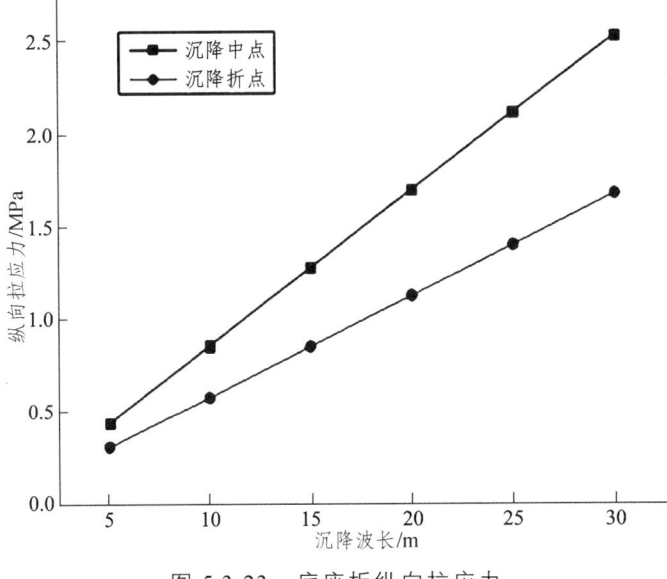

图 5.3-23　底座板纵向拉应力

CA 砂浆的主要功能在于施工调整、局部缓冲协调、阻断裂纹等。为保证砂浆正常使用，须保证砂浆在列车及环境的共同作用下不开裂。提取不同沉降工况下，CA 砂浆层纵向拉应力及垂向压应力，如表 5.3-7 所示。

表 5.3-7　不同沉降幅值时 CA 砂浆层的纵向拉应力和垂向压应力情况

单位：MPa

沉降幅值/mm	折点处压应力	折点处拉应力	中点处压应力	中点处拉应力
5	-0.242 31	0.014 739	-0.328 41	0.015 028
10	-0.288 17	0.019 744	-0.424 86	0.017 235
15	-0.334 53	0.022 908	-0.520 81	0.019 288
20	-0.380 45	0.026 519	-0.616 15	0.021 184
25	-0.424 36	0.031 824	-0.710 93	0.024 527

Ⅱ型板模型 CA 砂浆最大拉、压应力分别为：0.307 MPa、0.622 MPa。当路基不均匀沉降幅值 25 mm 时，沉降中点处 CA 砂浆压应力超出限值。

4. 桥梁段不均匀沉降对轨道结构的影响研究

CRTS Ⅰ 型板式无砟轨道结构为单元板结构，相比于纵连板式轨道结构而言,桥梁的不均匀沉降对其影响要小得多,故只针对 CRTS Ⅱ 型板式无砟轨道结构进行分析。

1)轨道结构变形计算及分析

不均匀沉降量为 5 mm/64 m、10 mm/64 m、20 mm/64 m、40 mm/64 m 时,钢轨、轨道板和底座的垂向位移计算结果如表 5.3-8 所示。

由表 5.3-8 可知,当沉降量从 5 mm/64 m 增大到 10 mm/64 m 时,轨道结构各组成部分的沉降量大致相同,说明该阶段桥上无砟轨道结构跟随性较好,能够较好地适应沉降带来的变形,轨道结构没有明显的吊空现象;在沉降量从 20 mm/64 m 增大到 40 mm/64 m 的过程中,轨道结构各结构及部件相对于其他结构部件沉降量出现了较为明显的差异,最大可达到约 0.5 mm 的差值,表现为轨道板和底座板跟不上梁面的沉降变形,该阶段会导致轨道结构出现不同程度的吊空现象。

表 5.3-8 不同沉降量下轨道各结构的位移　　单位:mm

沉降量 /(mm/64m)	轨道板垂向位移	底座板垂向位移	钢轨垂向位移
5	5.051	5.055	6.156
10	10.013	10.020	11.105
20	19.907	19.922	20.979
40	39.563	39.590	40.609

梁端处轨道结构的空吊现象及不同沉降工况下的吊空峰值计算结果如图 5.3-24 和表 5.3-9 所示。

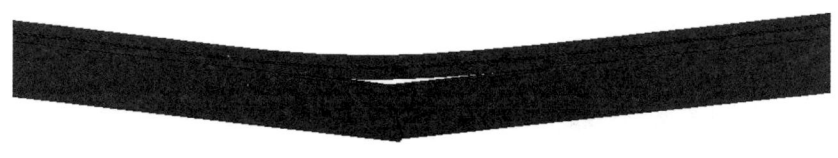

图 5.4-24　梁端折角引起的轨道结构空吊现象

由图 5.3-24 可知,由于桥墩沉降导致梁面产生折角,轨道结构的最大空吊出现在梁端折角处。由表 5.3-9 可知,随着沉降量的增加,轨道结构的空吊现象逐渐恶化,当沉降量为 10 mm 时,吊空峰值达到 0.185 mm,与标准值(0.15 mm)相比,增幅达 23%。

表 5.3-9　不同沉降量下轨道结构吊空最大值

沉降量/(mm/64 m)	轨道结构吊空最大值/mm
5	0.025
10	0.185
20	0.514
40	1.301

2)轨道结构应力计算及分析

(1)轨道板受力分析

以下分析了不均匀沉降量为 5 mm/64 m、10 mm/64 m、20 mm/64 m、40 mm/64 m 时的轨道板受力,以截面内应力作为主要判断依据,主应力作为辅助判断依据,计算得到不同沉降荷载作用下的轨道板应力云图,如图 5.3-25 所示。由图可知:不同不均匀沉降工况下,轨道板的最大应力均出现在梁端部,且轨道结构的变性曲线与不均匀沉降曲线基本一致;随着不均匀沉降量的增加,轨道板所受的应力也越来越大。由于桥跨较大,中间桥墩处轨道板由两跨梁面形成的折角引起的拉应力并不大,在最不利情况下以受压为主。

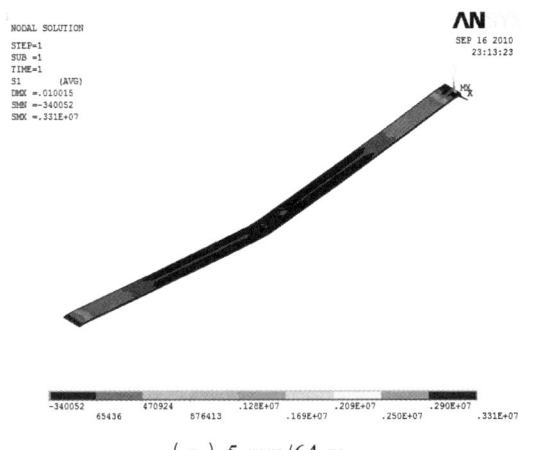

(a) 5 mm/64 m

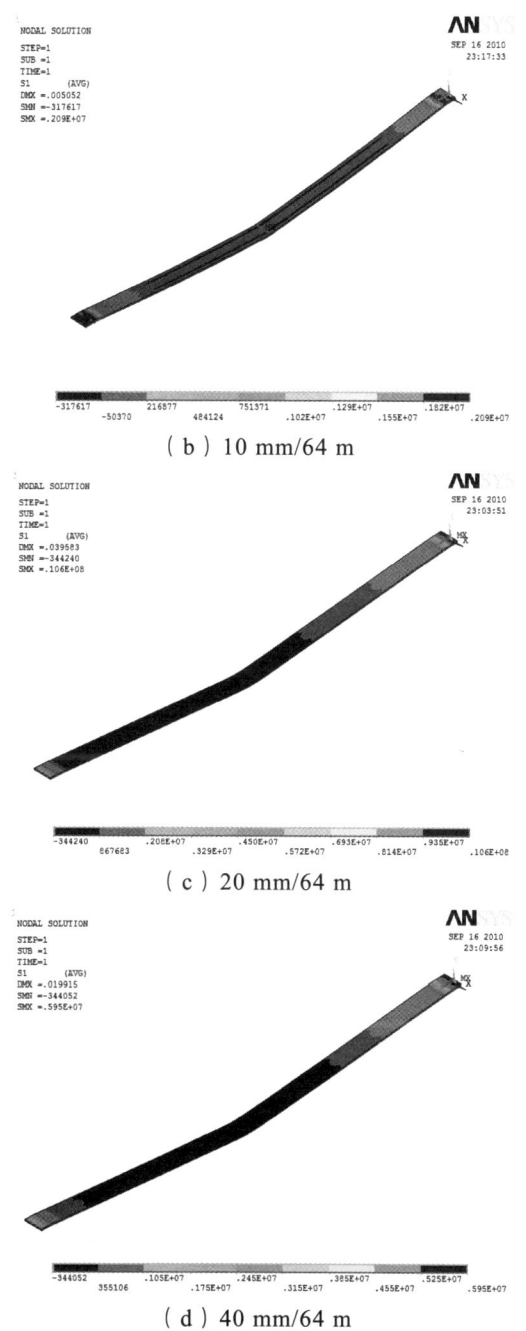

(b) 10 mm/64 m

(c) 20 mm/64 m

(d) 40 mm/64 m

图 5.3-25　不同沉降量作用下的轨道板应力云图

将中间桥墩处的截面作为内力检算截面,通过计算得到轨道板的弯矩及应力峰值如表 5.3-10 所示。由表可知:沉降量在 5~40 mm/64 m 内,轨道板正截面弯矩峰值均小于控制指标。而当沉降量为 20 mm/64 m 时轨道板轴力峰值达到 827.52 kN/m,超过了结构的应力限值 700 kN/m。

表 5.3-10　不同沉降工况下梁端处轨道板内力峰值

沉降量/(mm/64 m)		计算结果	按板宽 2.95 m 换算	结构工作状态
5	弯矩/(kN·m/m)	10.4	4.08	<23.49　未超限
	轴力/(kN/m)	1 082.63	424.56	<700　未超限
10	弯矩/(kN·m/m)	17.119	6.71	<23.49　未超限
	轴力/(kN/m)	1 564.365	613.48	<700　未超限
20	弯矩/(kN·m/m)	28.438	11.15	<23.49　未超限
	轴力/(kN/m)	2 110.168	827.52	>700　超限
40	弯矩/(kN·m/m)	44.808	17.57	<23.49　未超限
	轴力/(kN/m)	3 109.709	1 219.49	>700　超限

(2)底座板受力分析

本节分析了不均匀沉降量为 5 mm/64 m、10 mm/64 m、20 mm/64 m、40 mm/64 m 时底座板的受力(本书涉及应力的问题均以截面内应力作为主要判断依据,主应力作为辅助判断依据),不同沉降荷载作用下底座板的应力云图如图 5.3-26 所示。

由图可知,不同不均匀沉降工况下,底座板的最大应力均出现在梁端部,且轨道结构的变性曲线与不均匀沉降曲线基本一致;随着不均匀沉降量的增加,底座板所受的应力也越来越大。由于桥跨较大,中间桥墩处底座板由两跨梁面形成的折角引起的拉应力并不大,在最不利情况下以受压为主。

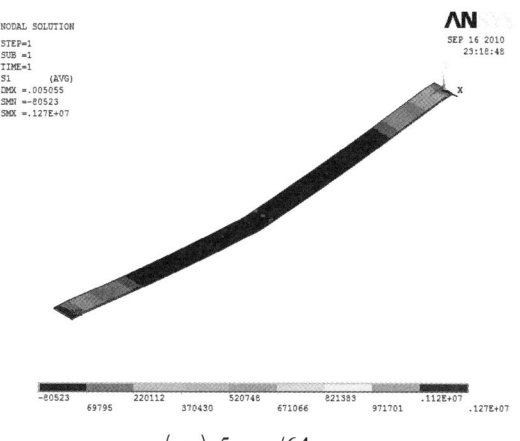

(a) 5 mm/64 m

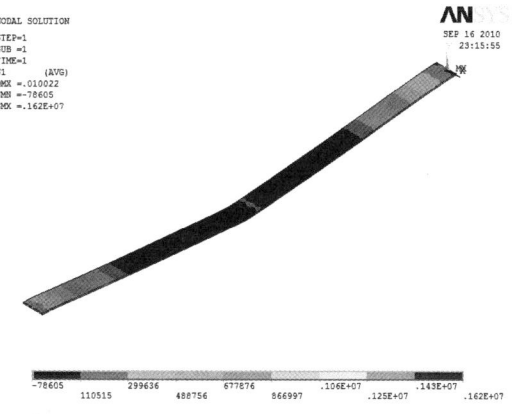

(b) 10 mm/64 m

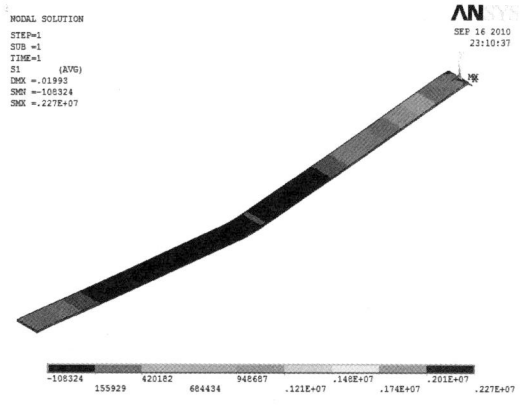

(c) 20 mm/64 m

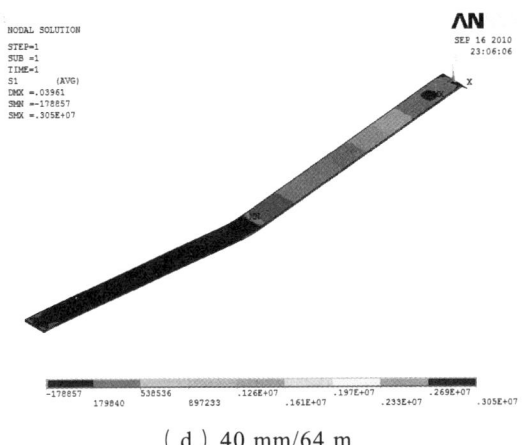

(d) 40 mm/64 m

图 5.3-26 不同沉降量下底座板的受力情况

将中间桥墩处的截面作为内力检算截面，通过计算得到底座板的弯矩及应力峰值如表 5.3-11 所示。由表可知：沉降量在 5~40 mm/64 m 内，底座板拉应力峰值均小于控制指标；而当沉降量达到 20 mm/64 m 时底座板正截面弯矩峰值已经超过 12.19 kN·m/m，超过了 10.13 kN·m/m 的控制指标。

表 5.3-11 不同沉降工况下梁端处支撑层内力峰值　单位：MPa

沉降量/(mm/64 m)		计算结果	按板宽 2.95 m 换算	结构工作状态
5	弯矩/(kN·m/m)	17.787	5.35	<10.13 未超限
	轴力/(kN/m)	429.652	145.64	<992.5 未超限
10	弯矩/(kN·m/m)	23.964	8.12	<10.13 未超限
	轴力/(kN/m)	573.838	194.52	<992.5 未超限
20	弯矩/(kN·m/m)	35.965	12.19	>10.13 超限
	轴力/(kN/m)	468.261	158.73	<992.5 未超限
40	弯矩/(kN·m/m)	53.722	18.21	>10.13 超限
	轴力/(kN/m)	339.119	114.96	<992.5 未超限

因此，对于桥梁上的 CRTS Ⅱ 型板式无砟轨道结构而言，当桥梁发生不均匀沉降时，在列车荷载作用下，轨道结构出现弯曲变形，同时轨道结构内部产生应力。轨道结构的最大应力均出现在梁端部，且轨道结构

的变形规律与不均匀沉降曲线基本一致；随着不均匀沉降量的增加，轨道结构的应力和变形也越大；当沉降量为 5～10 mm/64 m 时，各结构层的沉降跟随性较好，轨道结构无明显的吊空现象；当沉降量为 20～40 mm/64 m 时，轨道各结构层的沉降量出现较大差异，轨道结构出现空吊现象，最大吊空值达 0.5 mm。

6 地面沉降防治措施

地面沉降作为一种广泛分布的城市地质灾害，其发生发展过程不易被察觉，容易被忽视，但是长期地积累，却能造成巨大的损失，并且能诱发或加剧其他城市灾害，给城市经济的可持续发展及人民的日常生活等带来的影响是巨大的。地面沉降地质灾害的特点是具有多发性、缓变性、累进性、隐蔽性和不可逆性等。虽然具有隐蔽性的特点，但往往通过其他显性灾害的成灾风险与致灾频率的加大而体现出来。地面沉降的影响直接表现为地面高程的降低，同时，沉降区内不同部位的沉降速率和沉降量均有所不同，即地面沉降在宏观上是不均匀的。

地面沉降对于线性工程的影响主要表现为降低线路设计高程、改变线路坡度、影响平顺度等方面，严重时可能造成线性建（构）筑物结构的破坏，从而影响工程的正常使用。

区域地面沉降具有长期性、隐蔽性和缓慢性的特点，其从量变到质变的过程虽然缓慢，如不采取措施加强防范，最终可能因变形达到一定程度而造成灾害。地面沉降对高速铁路的正常运行存在着潜在的威胁，较大的差异沉降可能会破坏工程的结构，并危及正常的运营，因此从工程设置以及综合防治等方面采取科学合理的防治措施是非常必要的。

6.1 工程防治措施

区域地面沉降往往是由于过量开采地下水形成的沉降漏斗造成的，从地表上看，就是一个或多个沉降漏斗形成的地面下沉现象。为避免地面沉降对高速铁路造成的危害，首先需查明地面沉降的现状和成因，并预测将来地面沉降发生发展的可能性，在此基础上，线路、路基、桥梁、轨道等采取针对性的应对地面沉降防治措施。

6.1.1 线路工程

1. 线路方案选择

当高速铁路拟通过已发生或可能发生地面沉降区时，应进行多方案的线路比选工作。

首先，高速铁路应绕避正在开采或规划集中开采的地下水水源地；绕避地下水开采过程中可能出现的地表变形或沉降漏斗急剧变化带；绕避由地面沉降引起的地裂缝发育区及其他地表变形区。

其次，当高速铁路通过地面沉降区时，宜尽量平行于地面沉降等值线确定线路方案。

最后，当高速铁路无法绕避地面沉降区时，应了解当地开采规划，采取措施在安全地带通过。

2. 线路纵断面

高速铁路的最大设计坡度较大，一般都在20‰，并且地面沉降都发生在平原区，因此在地面沉降区的线路纵断面还是相对自由的。

虽然高速铁路的设计坡度相对宽松，但设计时需考虑地面沉降未来的发展趋势，考虑高速铁路沿线可能产生的不均匀沉降和由此导致的线路附加坡度。在线路纵断面设计时，将未来百年或一定时间内可能产生的附加坡度作为一个影响因素，综合确定地面沉降区高速铁路合理的设计纵断面。

3. 线路竖曲线

高速铁路竖曲线半径一般不大于30 000 m，若在竖曲线长度范围内，地面沉降相对均匀，不会影响竖曲线的线形，且不产生差异沉降，则对线路的影响是微小的。

但地面沉降若在竖曲线长度范围内是不均匀的，则会在线路上形成新的变坡点，车辆通过时，振动和局部加速度的增大会使乘车舒适度降低并会进一步恶化线路的运营条件。

4. 跨越或下钻建构筑物净高

由于引起大面积地面沉降的地层埋藏较深，沉降发生时，地面连同地上建筑物基本同步下沉。因此，可以认为区域性地面沉降对跨越或下钻建构筑物净高无影响。

但设计过程中，考虑到跨越或下钻点河道泄洪要求、道路维修需要等因素的影响，在净高基本能满足要求的条件下尽量预留一定的富裕量（如 50~300 mm），进一步满足净高的要求。

总之，高速铁路除绕避复杂、地面沉降急剧变化带外，对于区域沉降存在的大范围、均匀的地面沉降，可结合监测、测量数据进行综合分析，在满足客运专线设计标准的前提下，采取局部调整轨面坡度的措施以应对区域沉降。

6.1.2 路基工程

一般情况下，对高速铁路路基工程而言，路基工程施工完成后，为使路基变形与地面沉降相适应，从路基结构上是无法调整的，只能通过上部轨道结构进行调整才能实现。

虽然从路基工程结构上没有有效的应对地面沉降的工程措施，但是为减少地面沉降的危害，路基结构设计时应从以下几方面加强控制。

加强地基处理措施，有效控制路基工程的工后沉降量，减少工后沉降与地面沉降的不利叠加，避免地面沉降危害。地面沉降往往发生在平原地区，地层松软、可压缩性高，因此在路基工程设计时，对地基处理宜采用 CFG 桩、预制桩（管桩）、桩网结构等加强处理措施，并尽可能地采取预压措施；对填方相对高的地段，尝试采用轻型填料，减轻填料质量，从而有效控制路基工程的工后沉降量。

重点检算路桥、路隧等各类过渡段的地基处理措施，确保各类过渡段的工后沉降量相对均匀、协调，保证相邻的各类不同结构物间的工后沉降量相一致。

加强监测措施，定期对沉降进行分析评价，当变形量影响到高速铁路平顺度和舒适性要求时，应及时分析原因，并通过调整上部结构的状态来满足高速铁路运营的需要。

6.1.3 桥梁工程

高速铁路地面沉降区桥梁工程设置时首先应避开地面沉降急剧变化

带，因此区域地面沉降对桥梁工程来说主要是不同区域的宏观整体沉降。为应对地面沉降带来的危害，桥梁工程设计时应采取如下措施：

梁型选择上尽量选用简支结构，尽可能采用 32 m 简支梁为主的桥跨形式，只有在跨越道路时采用了大跨连续梁；尽量不采用对不均匀沉降敏感的刚构桥。由于区域沉降表现为宏观整体沉降，而整体沉降不会对目前采用的桥梁结构造成破坏。从地面沉降预测趋势及结构受力分析，桥梁本身是安全可靠的。

桥梁基础设计，应采用合理的桩基布置形式、设计桩长。在设计中桩尖要求位于稳定土层，设计中严格控制工后沉降满足规范要求，并严格控制相邻墩台的不均匀沉降不超过 5 mm 的要求。对不良地质条件充分考虑，如软土及地震液化等地段在设计中充分考虑其影响，适当提高安全储备。

区域沉降段落采用可调高支座，增加结构对沉降的适应能力。可调高支座的设计坡度最大可达到 20%。运营中个别桥墩一旦发生较大的不均匀沉降，可调高支座将发挥其调高功能。

对桥梁尤其是连续梁要进行长期的沉降观测，一方面检查沉降是否有突变，另一方面检查相邻桥墩的沉降差是否满足轨道平顺要求和结构受力要求。在每个桥墩上设置了沉降观测标，用来观测墩台的沉降，通过长期的观测资料，可以了解墩台的沉降情况，预测墩台的沉降趋势。对沉降异常的桥墩及时发现，并采取相应的处理措施。

考虑到后期堆载对桩基础可能的影响，要求在桩基础施工完成后桥墩周围禁止堆载。

加强对可调高支座的研究开发，适应变形的要求。

6.1.4 轨道工程

高速铁路一般采用无砟轨道，需要与路基、桥梁等基础工程相适应。区域性地面沉降对轨道结构不会产生大的影响，地面沉降急剧变化带、差异性沉降才是影响轨道结构的主要因素，会影响轨道的平顺性和舒适度。为避免地面沉降对高速铁路的影响，轨道工程一般采取如下措施：

高速铁路基本上绕避了地面沉降急剧变化带等不利地段，大范围的区域地面沉降对轨道工程一般不会产生较大的影响，通过扣件系统调整或调坡调整即可满足轨道平顺度技术要求。如 Vossloh300-1 型扣件系统的调整能力：竖向 -4 ~ +76 mm；横向 ±8 mm，调节精度为 1 mm。

轨道平顺度是一项较为精确的调整工作，扣件间距、扣件调整量都是以毫米为单位的，相关标准也是按毫米级控制的，不同的沉降量、不同的沉降差对轨道结构、调整方案、调整数量以及调高量的影响是相当大的。

轨道工程可采取的调整方案有扣件调整、调坡调整、拟合竖曲线调整以及几种方法相结合的调整方式，轨道调整只有在真实准确的测量数据基础上，通过各种调整方案的比较分析后，才能最终确定符合实际的、调整量相对较小的调整方案。具体调整时，无论采用哪种调整方案，对影响轨道平顺度的相关技术指标（包括：轨距、轨向、高低、水平、扭曲等）都应进行检查和相应的调整，确保列车运行的安全、高速和平稳。当这几种方式无法调整时，只有采取锯板断道重新施工无砟轨道进行调整轨道几何，满足轨道平顺度技术要求。

轨检车检查评定的项目全、效率高，应以轨检车检查来指导线路的调整维修工作。

另外，要进一步加强扣件研究，以便适应地面沉降的变化。

6.2 地面沉降综合防治措施

地面沉降是一种具有隐蔽性、累进性等特点的地质灾害，防治的基本原则应该是以监测、预防为主，防治结合，并坚持依法治理地面沉降。对于已形成的灾害采取切实有效的措施，控制其发展并采取有效对策减缓或减弱其负面影响，对地面沉降有可能继续发展的地区采取有效的监控措施，掌握其发展变化趋势，做好预测、预报工作。落实工程沿线地面沉降地质灾害的防治措施是保障高速铁路安全运营的关键所在。

1. 坚持依法治理地面沉降，完善防灾组织和强化施工管理

《铁路安全管理条例》规定："高速铁路线路路堤坡脚、路堑坡顶或者铁路桥梁外侧起向外各 200 米范围内禁止抽取地下水。在前款规定范围外，高速铁路线路经过的区域属于地面沉降区域，抽取地下水危及高

速铁路安全的，应当设置地下水禁止开采区或者限制开采区，……"另外不同地区陆续制定了本地区的《地质灾害防治规划》，因此若严格执行上述要求，高速铁路沿线的地面沉降会得到很好的控制。

根据《地质灾害防治条例》，对地质灾害的预警和防治是工程部门和政府部门的义务。针对高速铁路工程建设，工程主管部门应在地方政府的统一领导下，会同国土资源局、地勘局、水利局、区县政府等相关部门，成立工程地质灾害防治领导小组，负责地质灾害防治工作中的政策制定和工作协调。同时由工程建设部门和地质环境监测部门联合成立工程地质灾害防治工作小组，负责本工程建设和运营过程中的地质灾害巡查、监测和预警预报。

2. 制订科学合理的地下水开采方案

过量开采地下水是引起地面沉降的主要原因。因此，制订科学合理的地下水开采量，使其达到合理开发利用的目标，是治理地面沉降的根本措施。为实现这一目标，需对该高速铁路沿线范围内的地下水井位、井数、井深、水位、开采量等进行调查，根据地下水开采现状和地面沉降发展变化趋势，在符合《铁路安全管理条例》的基础上，确定高速铁路沿线地下水开采的具体方案，控制地面沉降、特别是地面沉降急剧变化带的发生。

一般情况下，对处于地面沉降区的高速铁路而言，在铁路两侧 200 m 范围内，应禁止或禁止新增地下水开采、基坑降水等；在铁路两侧 800 m 范围内禁止新增深层地下水开采，并控制既有深层地下水的开采；在铁路两侧 3 km 范围内，严格控制深层地下水开采、禁止大规模集中水源地开采。具体的禁止开采、限制开采和控制开采措施应根据高速铁路实际情况研究确定。

3. 建立工程沿线地面沉降灾害监测网

地质灾害监测是地质灾害预警和防治工作的先锋。地面沉降地质灾害预警与防治必须在工程沿线建立地质灾害监测体系，从而为预警预报、防灾减灾提供基础依据。结合已有的监测网资料，设计适合本项目的监测体系。为防止灾害发生，加强运营中的沉降观测，需实时监控地下水位变化、地面高程变化、地表变形情况、铁路工程不均匀变形、纵横向轨道平整度、变形等指标，以便及时采取有效的处理措施。区域长期监测的内容主要为地面沉降水准监测、地下水各含水组水位动态监测。监测过程中可以适时地调整监测网体系，保证观测井分布疏密程度合理，观测层位分布合理，水位漏斗区有足够反映其各含水组变化梯度的观测井。

4. 工程干预地面沉降措施

地下水人工回灌可以在短期内有效地控制住地面沉降发展。但是工程沿线由于受到客观条件限制，回灌水源短缺。对于高速铁路沿线地面沉降危害严重的地段，可以在路基两侧的绿化带内打回灌井开展回灌工作，其回灌水源一般情况下可以考虑利用雨水。

5. 强化施工管理，避免工程建设加剧地面沉降

据有关统计资料显示，工程施工降水造成的局部地面沉降不可忽视，所以应加强监督管理，禁止随意排放施工抽汲的地下水，制订回灌方案，将抽汲的地下水回灌到地下。同时，在工程建设过程中，有关的基坑设计、施工方案，施工工艺，地面沉降影响监测等资料，均应汇交给相关地面沉降监管部门，为后期的监测和研究等提供大量可靠的基础资料。

6. 加强政府宏观管理，增强全民防灾减灾意识

地面沉降是复杂的地质灾害现象，控制和治理地面沉降是一项社会性很强的工作，需要在政府的组织下，多部门、多学科、多专业、多手段的综合治理才能奏效。应加大防灾减灾的宣传力度，唤醒全社会重视，支持并积极参与保护地质环境。

当前地面沉降工作主要还是作为一项政府行为在实施，对于地面沉降存在的范围，发展的历史和现状，有哪些危害或破坏，危害的严重性如何，地面沉降作为一种地质灾害有什么特征，如何去延缓地面沉降的快速发展，用什么手段去治理，很多人都不清楚。因此，在今后应该加强地面沉降科普知识的宣传，加大防灾减灾的宣传力度，使全社会重视、支持并积极参与到地面沉降减灾防灾工作中来。还可以尝试性地建立一些有关地面沉降灾害的教育基地，与相关高校建立更多的联合实验室，为提高地面沉降监测、研究、防治等方面的先进技术做好准备。